W0076119

btb

Hanns-Josef Ortheil hat in seinen Romanen immer wieder von starken Momenten der Musik erzählt, in denen die handelnden Akteure sich hörend, spielend oder deutend mit großen Kompositionen der verschiedensten Genres beschäftigen. Mal handelt es sich um die Passionen Johann Sebastian Bachs, mal um die Klavierwerke Robert Schumanns oder Frédéric Chopins – besonders häufig aber um das Gesamtwerk von Wolfgang Amadeus Mozart, dem sich der ausgebildete Pianist Ortheil besonders intensiv gewidmet hat. In dieser Anthologie gibt der Autor Einblick in sein von der Musik geprägtes Leben, erläutert die kulturellen Hintergründe und erzählt, wie die Musik sein Empfinden und Denken geformt hat.

HANNS-JOSEF ORTHEIL wurde 1951 in Köln geboren. Er ist Schriftsteller, Pianist und Professor für Kreatives Schreiben und Kulturjournalismus an der Universität Hildesheim. Seit vielen Jahren gehört er zu den beliebtesten und meist gelesenen deutschen Autoren der Gegenwart. Sein Werk ist mit vielen Preisen ausgezeichnet worden, darunter dem Thomas-Mann-Preis, dem Nicolas-Born-Preis, dem Stefan-Andres-Preis und dem Hannelore-Greve-Literaturpreis. Seine Romane wurden in über zwanzig Sprachen übersetzt.

HANNS-JOSEF ORTHEIL

Musikmomente

btb

Musikmomente

Seit ich im Alter von vier Jahren zum ersten Mal an einem Klavier saß und einige Tasten anschlug, bin ich der Musik verfallen. Zunächst erhielt ich Klavierunterricht von meiner Mutter, später von anderen Lehrern, unter denen sich bald auch ein wahrer »Meister des Fachs« befand.

Er führte mich von den technischen Übungen hin zu den theoretischen Kenntnissen über Harmonie- und Kompositionslehre, mit deren Hilfe ich die gespielten Stücke noch besser verstand. Gleichzeitig geriet ich in einen Kreis von bereits erfahrenen Schülern, die sich alle paar Wochen zu einem internen Vorspiel im Haus des »Meisters« trafen.

Ein solcher Unterricht war von vornherein professionell und erlaubte in keinem Moment die vage Idee, ich könne das Klavierspiel in Zukunft auch als Hobby betreiben und mich anderen Interessen zuwenden. Seit ich der Musik verfallen war, habe ich auch nie an so etwas gedacht. Für meine Eltern und mich stand fest, dass ich ein Pianist werden und einmal auf großen Konzertbühnen auftreten würde.

Dagegen spielte die Schulausbildung in meinem Leben eher eine untergeordnete Rolle, ja, sie war manchmal sogar ausgesprochen lästig, weil sie mir viel von der dringend notwendigen Zeit für das Üben von Klavierstücken raubte. Vor allem der nachmittägliche Schulunterricht (Sport, Arbeitsgruppen etc.) störte oft, so dass ich mir immer neue Ausreden einfallen lassen musste, wenn ich ihm fernblieb. Die meisten Lehrer waren in dieser Hinsicht jedoch nachsichtig. Sie wussten, dass ich nicht aus Faulheit oder Trotz fehlte, sondern weil ich mit dem Wichtigsten beschäftigt war, das ich für mein Leben entdeckt hatte: Töne, Klänge, Akkorde, Melodien – das rauschhafte Spielen!

Unter Anleitung des »Meisterlehrers« kam es dann auch zu Teilnahmen an Wettbewerben und ersten öffentlichen Auftritten. Längst war ich so musikfixiert, dass ich beinahe den ganzen Tag mit Musik (selbst spielend oder auch hörend) verbrachte. Geriet ich auf den Wegen rund um die elterliche Wohnung oder unterwegs auf Reisen irgendwo zufällig an ein Klavier, konnte ich mich nicht von ihm trennen, ohne auf ihm *gespielt zu haben. Der Musik verfallen zu sein, bedeutete, ganz in ihr, von ihr und für sie zu leben.*

Natürlich führte das zu einer starken Abschottung gegenüber den anderen Themen der Welt und nicht zuletzt auch gegenüber anderen Menschen. Das stundenlange Üben am Tag isolierte, und wenn ich nicht übte, brachte ich nicht viel Interesse für anderes auf. Ich las Bücher über Musik, über Komponisten und bestimmte Stücke, und ich las daneben Bücher, die meine Klavierlehrer mir empfahlen, weil ich sie unbedingt kennen sollte. Auch diese Lektüren standen aber meist unter dem Vorzeichen der Musik oder führte zu ihr hin, so etwa, wenn ich den Stil eines großen Autors daraufhin las, wie »musikalisch« er war.

Um die Isolation zumindest versuchsweise zu bekämpfen, wurde meinen Eltern und mir der Besuch eines Musikinternats angeraten. Dort hätte ich Zeit genug, täglich zu üben, und dort wäre ich unter Gleichgesinnten und damit nicht mehr allein. Kurze Zeit habe ich in einem solchen Internat verbracht, es dort aber aus den verschiedensten Gründen nicht ausgehalten. Ich sehnte mich nach meinem früheren Zuhause und meinem Lehrer zurück – und so habe ich bis zum Abitur weiter intensiv Klavier geübt und erste Konzerte gegeben.

Dieser lange Anlauf hin zu einem Pianistenleben brach in Rom während eines Stipendienaufenthaltes zusammen. Ich litt von einem Tag auf den andern unter starken Sehnenscheidenentzündungen, die schließlich dazu führten, dass ich die Pianistenlaufbahn aufgeben musste. Danach habe ich mich einige Zeit von jeder Musik ferngehalten, schon das bloße Anhören löste Trauer und Panik aus, so dass ich selbst irgendwo im normalen Alltag die Flucht antrat, wenn mich bekannte Klänge und Melodien erreichten.

Die Metamorphose eines Pianisten in einen Schriftsteller ist mir erst in einem langen Prozess und auf nicht vorherseh- oder planbaren Wegen gelungen. Schriftsteller hatte ich nie werden wollen, obwohl ich seit der Kindheit viel notiert und geschrieben habe. Schritt für Schritt hat sich dann aber meine Begeisterung für die Musik in eine Begeisterung für das Schreiben über Musik und das »musikalische Schreiben« (tönend, klangvoll, rhythmisiert) verwandelt.

So habe ich Texte und Bücher über meine Lieblingskomponisten (Mozart und Schumann) und viele kürzere Texte vor allem über das Hören von Musik geschrieben. Mit der Zeit hat diese Arbeit das Üben am Klavier ersetzt, das ich jetzt nur noch spärlich, aber immer noch regelmäßig betreibe. Mein Interesse an der Musik hat sich verlagert, aber es ist im Grunde von derselben Besessenheit bestimmt wie in den frühesten Kinderzeiten.

Gehe ich in Konzerte, leben die alten Emphasen besonders stark auf. Ich höre von mir hochgeschätzte Pianistinnen (Martha Argerich, Hélène Grimaud) und andere Pianisten (Bruno Leonardo Gelber, Arcadi Volodos) und kann ihr jeweiliges Spiel mit der Version vergleichen, die ich selbst einem gerade gespielten Stück geben würde.

Am stärksten lebt die Nähe zur Musik aber während der Lesungen aus meinen Büchern weiter. Wie in pianistischen Zeiten betrete ich eine Bühne, nehme Kontakt mit den Zuhörern auf, lese und verbeuge mich hinterher, als hätte ich gerade ein Musikstück gespielt. In Wahrheit habe ich auch das Gefühl, genau das getan zu haben: Ich habe (ersatzweise) Musik gemacht, nicht so enthusiastisch und unbedingt wie früher, aber immerhin doch stark begeistert und von den eigenen Klängen getragen.

Hanns-Josef Ortheil
Stuttgart, Köln, Wissen an der Sieg,
im Frühjahr 2017

Die Sekunde,
die über mein Leben entschied

Ich war vier Jahre alt, als meine Eltern ein großes Geschenk in Form eines Klaviers erhielten. Wir wohnten damals, Mitte der Fünfziger Jahre, im ersten Stock eines Kölner Mietshauses. Einen Fernseher gab es noch nicht, und Radio wurde während des Tages nur selten gehört. Keine Nachrichten, nur ab und zu Musik, viel Klassik und manchmal französische Chansons, die meine Mutter besonders liebte.

Während des Krieges und in der Nachkriegszeit hatten meine Eltern vier Söhne verloren, und dieser schmerzliche Verlust hatte seine Spuren hinterlassen. Nach dem Tod des vierten Kindes war meine Mutter verstummt, und im Alter von etwas über drei Jahren hatte ich es ihr nachgetan und ebenfalls aufgehört zu sprechen.

So war es in unserer Kölner Wohnung oft gespenstisch still. Sie war eine abgeschottete Klause, in der es keine lebhafteren Szenen und kaum Besuche gab. Wollten wir mit Verwandten zusammen sein, fuhren wir aufs Land, wo die meisten von ihnen lebten. In unserer Wohnung aber blieben wir unter uns: Mutter, Vater und Sohn, ohne eine Ahnung, was wir gegen die Stille hätten ausrichten können.

Das Klavier, das meine Eltern von einem Bruder meiner Mutter als Geschenk erhielten, erregte vom ersten Moment seines Erscheinens an meine Aufmerksamkeit. Es war, als hätte ich geahnt, dass ich gerade mit diesem zunächst fremd und sonderbar erscheinenden Möbel zu tun bekommen würde. Als es von meiner Mutter zum ersten Mal gespielt wurde, empfand ich diesen Moment als den bis dahin schönsten meines Lebens. Was für ein Rauschen und Singen! Die ganze Wohnung lebte auf, als besäßen die Töne eine magische Kraft.

Von einem Moment auf den andern erlebte ich aber nicht nur klangvolle, selbstgespielte Musik, sondern nahm auch meine Mutter ganz anders wahr als bisher. Plötzlich war sie nicht mehr die stumme, ruhige Frau, die sich von den anderen Menschen weitgehend fernhielt. Indem sie Klavier spielte, begann sie zu sprechen, schöner als sie es mit Worten und Sätzen hätte tun können! Und wie gut sie spielte! Nicht wie eine Anfängerin, sondern wie eine Klavierspielerin, die bereits viel Zeit ihres Lebens an einem solchen Instrument verbracht hatte.

Dass die Rückkehr an ein Klavier sie überforderte und ihre große Trauer wiederbelebte – diesen Zusammenhang verstand ich damals noch nicht. Wohl aber spürte ich, dass ihr Klavierspiel sie an die Vergangenheit erinnerte. Irgendetwas Schlimmes, das die vielen Tränen auslöste, musste in diesen früheren Zeiten geschehen sein.

Nicht nur meine Mutter, auch ich selbst war als kleines, nichts ahnendes Kind von der gleichzeitigen Präsenz des Schönen und Schrecklichen überfordert. Hätte sie sich damals gänzlich vom Klavier abgewandt, wäre mein Leben anders verlaufen. Möglicherweise hätten meine Eltern das alte Instrument, das mit so vielen Erinnerungen an die Vergangenheit verbunden war, rasch wieder aus der Wohnung geschafft.

Die Sekunde, in der alles anders kam, war der Moment, in dem meine Mutter aus ihrer Verzweiflung und Trauer erwachte und auf mich, ihr übrig gebliebenes fünftes Kind, aufmerksam wurde. Es war der Moment, in dem sie instinktiv erkannte, dass dieses stumme Kind doch eine Zukunft (als

»Kind am Klavier«) haben könnte. Deshalb ließ sie mich neben sich Platz nehmen. Das »Kind am Klavier« saß nun an ihrer Seite, und es spielte von da an (im wahrsten Sinne des Wortes) »um sein Leben«.

Gab der Glaube meinem kindlichen Leben ein Fundament und eine Bedeutung, so konnte er mir, was mein Stummsein betraf, nicht wirklich helfen. Manchmal stelle ich mir vor, wo ich wohl gelandet und was aus mir geworden wäre, wenn dieses Leben immer so weiter verlaufen wäre, wie ich es bisher beschrieben habe. Im Grunde war ich zu nichts anderem geeignet als dazu, ein ewiger Idiot zu werden, einer, der sich aus dem Staub machte, wenn die anderen ihm zu nahe kamen, einer, der niemals etwas begreifen und lernen würde von dem, was sie so leicht und selbstverständlich lernten.

Dass es nicht zu diesem Idiotendasein gekommen ist, verdanke ich einem nicht einmal geplanten Anstoß von außen, im Grunde war es sogar nur ein Zufall in Form einer Eingebung, die ein Bruder meiner Mutter plötzlich hatte. Dieser ältere Bruder lebte als Pfarrer in Essen, wo er eine

große Pfarrei betreute und mit seinen imponierenden Predigten gut unterhielt.

Im Arbeitszimmer seines Pfarrhauses stand damals bereits seit einiger Zeit ein Klavier, das ihm
seine Gemeinde in dem guten Glauben geschenkt
hatte, er werde es täglich benutzen. Wahrscheinlich hatten die Gläubigen es sich wahrhaftig so
ausgemalt: den allabendlich Bachs Choräle spielenden Herrn Pfarrer, der während des Klavierspiels über die nächsten Predigten nachdachte.

In späteren Jahren hat mir mein Onkel einmal
erzählt, dass er ausgerechnet dieses Klavier immer
gehasst habe. Es habe ihn an den Klavierunterricht
erinnert und daran, dass seine Mutter (und damit
meine Großmutter) von ihm immer ein gutes, ja
sogar ein sehr gutes Klavierspiel erwartet habe. In
Wirklichkeit sei er jedoch dafür gar nicht geeignet
gewesen, es habe ihn nicht im Mindesten interes-
siert, vielmehr sei die eigentlich gute Klavierspielerin der Familie meine Mutter gewesen.

Um sich von der Last falscher Zumutungen zu
befreien, hatte mein Onkel an einem Nachmittag
beim Blick auf das ungespielt dastehende, lästige
und zudem noch vorwurfsvoll dreinschauende
Klavier plötzlich beschlossen, sich für immer von

ihm zu trennen. Aus den Augen wollte er das Klavier haben, niemals mehr wollte er erinnert werden an all die Ermahnungen und all den Ärger, den er wegen seines schlechten Klavierspiels hatte ausstehen müssen. Und so hatte er den Pfarrgemeinderat seiner Pfarrei darüber informiert, dass er sein Arbeitszimmer anders und zeitgemäß und aus eigener Tasche neu möblieren wolle.

Das dunkelbraune Klavier war ein Klavier der Marke *Sailer*, es wurde an einem Vormittag von zwei Möbelpackern das Treppenhaus hinauf in unsere Wohnung geschleppt und dort in unser Esszimmer geschoben. Ich habe das Aufsehen, das die Lieferung dieses Möbels machte, noch genau in Erinnerung. Die Hausnachbarn versammelten sich im Treppenhaus, und wir bekamen den üblichen Spott zu hören, ausgerechnet die Familie der Sprachlosen schaffte sich ein Klavier an, das war in den Augen unserer Nachbarn ein weiterer Anlass für deftige Witze.

Als die Möbelpacker verschwunden waren, machte sich meine Mutter daran, das Instrument gründlich zu reinigen. Sie säuberte das Holz mit einer hellen Tinktur und nahm sich dann Taste für

Taste vor, bis das ganze Möbel glänzte und einen betäubenden Tinktur-Duft ausstrahlte. Ich saß neben ihr auf dem Boden und schaute ihr zu, ich hatte schon davon gehört, dass Mutter gut Klavier spielen könne, aber ich konnte mir so etwas nicht vorstellen, deshalb wartete ich geduldig auf den großen Moment.

Der aber ließ auf sich warten, denn nachdem das Instrument gereinigt worden war, klappte meine Mutter den Deckel zu, strich noch einmal prüfend mit der rechten Hand über das Holz und entfernte sich dann. Sie entfernte sich aber auf seltsame Art, denn sie ging langsam rückwärts, Schritt für Schritt, den Blick weiter prüfend und bewundernd auf das Instrument gerichtet, als wollte sie es nicht mehr aus den Augen lassen.

Ich stand langsam auf und folgte ihr, auch ich verließ das Esszimmer rückwärts, Schritt für Schritt, es muss ein merkwürdiger Anblick gewesen sein, wie Mutter und Sohn sich da bewegten, als entfernten sie sich von einer Hoheit oder Exzellenz, die nach den Strapazen einer langen Reise im Möbelwagen nun der Ruhe bedurfte.

Hatte ich erwartet, das Reinigen des Klaviers sei die Vorstufe zu Mutters Klavierspiel, so sah ich mich bald getäuscht. Jeden Tag wartete ich darauf, dass Mutter Ernst machen würde, doch sie tat nichts anderes als immer wieder den Deckel des Klaviers zu öffnen und die Tasten erneut so vorsichtig mit Tinktur zu säubern, dass kaum einmal ein richtiger Ton zu hören war.

Am liebsten hätte ich mich selbst an das Instrument gesetzt und seinen Klang ausprobiert, das aber wagte ich nicht, weil ich Mutter den Vortritt lassen wollte. Vater schließlich warf jeden Nachmittag nur einen kurzen Blick auf das Instrument, als wollte er nachschauen, ob es noch da sei und ob es ihm gut gehe. Es war, als sei ein Gast bei uns eingezogen, dem man eine allzu große Nähe noch nicht zumuten könne.

Ich selbst aber ließ das Klavier nicht mehr aus den Augen. Vom ersten Moment seines Erscheinens in unserer Wohnung an hatte ich zu ihm eine besondere Verbindung, die mit seinem seltsamen Status zu tun hatte. Zum einen schien es zu meiner Mutter und ihrer Vergangenheit zu gehören, zum anderen aber war es ein fremdes Wesen, das in unseren geschlossenen Kreis eingedrungen war und seinen eigentlichen Ort noch nicht gefunden hatte. Stattdessen stand es da wie eine kapriziöse Erscheinung, die man päppeln und pflegen musste, ohne dass es sich durch seinen Einsatz hätte bedanken können. Anscheinend wussten wir nichts anderes mit ihm anzufangen als es zu polieren und anzustarren, während es doch geradezu ideal dafür geeignet war, in unseren stummen Haushalt endlich etwas Leben und Klang zu bringen.

Mit der Zeit ärgerte mich das alles, ich wollte nicht länger warten, und ich begriff nicht, warum Mutter es mit dem Säubern und Polieren derart übertrieb. Der braune, meist geschlossene Kasten glänzte längst so strahlend, dass man sich darin spiegeln konnte. Manchmal robbte ich langsam auf dem Boden zu ihm heran und betastete die beiden kühlen Pedale, ich schob den Deckel etwas nach oben und richtete mich auf Knien in die Höhe, um die Parade der schwarz-weißen Tasten zu überblicken. Es roch ein wenig nach Kirche, nach Geheimnis, Holz und Weihrauch, ich schloss die Augen und sog diesen seltsamen Geruch ein, ja, wahrhaftig, irgendwie hatte dieser Geruch mit den Gottesdiensten zu tun, mit dem Rauschen der

Orgel, den Flügen der Engel, dem Gesang der Gemeinde. Wie schön wäre es, diese Tasten anzuschlagen, welche Festlichkeit hätte so auch in unsere Wohnung einziehen können!

Der große Moment ereignete sich völlig unerwartet an einem frühen Abend, als ich mit Vater in der Küche saß. Wir blätterten und lasen in unseren Zeitungen und Zeitschriften, ich erinnere mich genau, dass es etwas zu dunkel war und nur ein diffus schwaches Oberlicht die Küche erhellte. Die Tür der Küche stand weit offen, als wir Mutter spielen hörten. Es war ein Perlen, ein allmählich immer lauter werdendes Hineinströmen eines großen Klangs in den Flur, als hätte eine starke Erscheinung die Mauern des Schweigens plötzlich durchbrochen und als dränge die lange ausgesperrte Außenwelt endlich triumphal und mächtig herein.

Heute weiß ich, dass ich einen stärkeren und schöneren Augenblick nie erlebt habe. Von einem Moment zum andern verwandelte sich alles: Jetzt spürte ich plötzlich das Leben, da war es, frisch, überwältigend, hinreißend, als wollte es einen mit Gewalt packen und von den bloßen Träumereien befreien! Es war wie eine Offenbarung, die mich sofort berauschte, ja, diese Musik war ein Sog, dem ich ohne jedes Nachdenken folgte, denn sie sang und erzählte von Freiheit und Glück und ließ mich alles Leiden mit einem Schlag vergessen.

Ich starrte Vater an und sah, wie entgeistert er war, sein Mund stand offen, und die Augen waren so weit geöffnet, als habe die Musik ihn geschockt, ich sah, wie er ungläubig den Kopf schüttelte, sich durch die Haare fuhr und einen Handrücken gegen die Lippen presste, er wusste nicht, was er tun sollte, dieses Klingen und Strömen schien ihn zu treffen, als müsste er sich dagegen wehren.

All das dauerte vier, fünf Minuten, in denen aus unserer Mietwohnung ein Schloss mit weiten Fluren und großen Sälen wurde, weit hinten, am Ende aller Gemächer und Gänge war der Festsaal, der blaue Salon, in dem uns ein Musikwunder aufspielte, eine geniale Spielerin aus der Fremde, aus Russland oder dem Orient, die eigens gekommen war, nur um uns zu verzaubern.

Wir blieben sitzen und rührten uns nicht, ich sah, wie Vater sich schließlich mit beiden Händen am Tisch festklammerte, ein wenig bekam ich es mit der Angst zu tun, so hilflos hatte ich ihn noch nicht gesehen. Stärker als dieses leicht flackernde Angstgefühl war aber das Glück, diese Musik erschien mir instinktiv wie ein Ausweg ins Freie und in jene schönere Welt, von der ich bisher nur in den Gottesdiensten eine schwache Ahnung erhalten hatte. War es schwer, so zu spielen? Oder gelang so etwas bereits nach einigem Üben?

Ich wollte hinüber ins Esszimmer schleichen, als alles zusammenbrach. Ich hörte noch einige Akkorde, dann laute, dissonante Schläge, schließlich einzelne Töne, mal sehr hoch, mal wie ein dröhnendes Pochen aus tiefsten Kellern, als hacke jemand voller Wut und außer Kontrolle auf das Instrument ein. Dann aber war es still, und wir hörten die Mutter schluchzen und krächzen, es hörte sich an wie ein wilder Schreckens-Gesang, als sei sie von Sinnen oder als habe sie sich verletzt. Seltsamerweise passte das alles aber noch zu den lauten Akkorden und Tönen, es klang wie eine zweite, andere Musik, wie eine Musik des Teufels, die sich jetzt unaufhaltsam ihren Weg durch die Engelsklänge bahnte, um sie zu vernichten.

Vater stand sofort auf und gab mir ein deutliches Zeichen, dass ich auf meinem Platz in der

Küche bleiben solle, es war klar, ich sollte das Schreckliche nicht sehen, auf keinen Fall. Einen Moment kämpfte ich mit mir, ob ich wirklich in der Küche bleiben sollte, dann aber stand ich auf und ging vorsichtig in den Flur, wo ich mich an der Wand entlang bis zur Tür des Esszimmers drückte. Einen kurzen Blick wollte ich hineinwerfen, nur eine Sekunde, sie konnten mich doch nicht so ausschließen, nein, warum ließen sie mich denn einfach sitzen?

Nie habe ich etwas Schrecklicheres zu sehen bekommen. Mutter saß noch auf dem Klavierhocker, hatte ihn jedoch weit vom Klavier weggeschoben. Mit dem Kopf tief nach unten saß sie zusammengekrümmt und heftig weinend da, während Vater sie zu halten und an sich zu ziehen versuchte. Er bewegte sich nicht, sondern hielt nur ihre Schultern und presste sie unbeholfen, sein Gesicht war starr, wie versteinert, er mahlte mit den Zähnen und hielt die Lippen fest aufeinander gepresst, der Blick aber richtete sich nicht auf Mutter, sondern ging hoch hinauf an die Decke. Mit aller Macht versuchte er sich zu beherrschen, vor lauter Anstrengung traten die Adern an den Schläfen hervor, hellrote Rinnsale waren es, die das glatte Gesicht plötzlich furchten und rapide altern ließen. Warum schreit er bloß nicht?, dachte ich, er soll schreien, Vater, so schrei doch endlich, schrei, so laut du kannst!

Ich spürte, wie mir eiskalt wurde, ich konnte mich nicht mehr bewegen, aus einem Traum-Schloss war ich in einen düsteren Film geraten, ein fremder Horror hatte von meinen Eltern Besitz ergriffen und sie waren nun nicht mehr zu retten. Ich konnte nicht länger im Flur stehen bleiben und mich verstecken, ich musste ihnen jetzt helfen, deshalb atmete ich tief durch und ging dann auf sie zu, ohne irgendeine Idee zu haben, was ich hätte tun können. Dicht vor ihrer Zweiergruppe blieb ich stehen und ließ die Arme hängen, ich wagte es nicht, sie zu berühren, als könnte ich ihnen etwas antun oder als würde mich ihr Kummer ebenfalls derartig erschrecken wie sie.

Das Einzige, was mir vorläufig zu tun blieb, war, ganz in ihrer Nähe darauf zu warten, dass sich ihr Zustand besserte. Ich konnte Mutters Gesicht in der aufgelösten Haarflut nicht erkennen, daher blickte ich zu Vater hinauf und sah, dass seine versteinerte Miene sich wahrhaftig langsam wieder belebte. Er hatte es anscheinend geschafft, er war über den Berg, und dann sah ich, dass er sich wieder bewegte und Mutter mit einer kalkweißen Hand übers Haar strich, immer wieder. Dann aber tastete sich diese Hand bis zu seiner Hosentasche vor und zog aus ihr ein Taschentuch, zum Glück hatte Vater immer große Stoff-Taschentücher dabei, er benutzte sie ganz selten, steckte aber an jedem frühen Morgen ein neues ein. Seine Hand zitterte noch ein wenig, als er Mutter dieses Taschentuch hinhielt, direkt vor meinen Augen, nur wenige Zentimeter von mir entfernt, sah ich dieses zitternde Vater-Taschentuch, es war eine Geste, die mir einen Stich versetzte und mich zugleich so sehr rührte, dass ich fast auch zu weinen begonnen hätte. Dabei begriff ich nicht, was da vor mir geschah. Warum hatte Mutter so plötzlich zu weinen begonnen, und warum wurden meine Eltern von der Musik so gepackt? Sie hatten doch auch sonst immer Musik gehört, Musik aus dem Radio, Musik in der Kirche! Nie aber hatte ich sie bei derartigen Anlässen weinen sehen. Ich vermutete, es musste etwas mit der Vergangenheit zu tun haben, mit dieser dunklen, verfluchten Vergangenheit, irgendetwas Schlimmes musste da geschehen sein, das dem Klavierspiel der Mutter dieses furchtbare Ende gesetzt hatte.

Da Mutter aber das Taschentuch gar nicht sehen konnte, nahm ich es Vater aus der Hand und hielt es ihr hin, indem ich sie mit der Hand an der Seite berührte. Sie richtete sich ein wenig auf und fuhr sich mit der Rechten durchs Haar, jetzt erkannte ich ihr Gesicht wieder, die langen schwarzen Haare fielen zu beiden Seiten wie durcheinander geratene, verdrehte Lianen herab, es war, als erwachte sie aus einem hässlichen Traum, so benommen kam sie mir vor. Erleichtert sah ich, dass sie mich erkannte, ganz selbstverständlich nahm sie mir das Taschentuch ab und trocknete und rieb sich die Augen, und dann umarmte sie mich, als hätten wir uns nach einer langen Irrfahrt endlich wiedergefunden.

Vater aber verließ das Esszimmer und ging hinüber ins Bad. Ich hörte, wie er Wasser laufen ließ und aus der offenen, hohlen Hand trank. Bestimmt würde er sich jetzt auch mit der nassen Hand durchs Gesicht fahren und den Kopf daraufhin mit einem Handtuch massieren. Ich konnte mir das alles genau vorstellen, in dieser Hinsicht wusste ich wenigstens einmal Bescheid.

Mutter aber stand auf und schnäuzte sich noch ein letztes Mal, dann hielt sie einen Moment inne, als käme ihr ein guter Gedanke. Ich spürte förmlich, wie dieser Gedanke entstand und sich in ihr festsetzte. Er hatte mit ihrer Verzweiflung, dem Klavier und mit mir zu tun, es war die eine Sekunde, die über mein ganzes, weiteres Leben entschied.

Während sie sich nämlich vom Klavierhocker erhob, zog sie mich näher an sich heran, näher, immer näher. Sie brauchte mich nur noch ein wenig zu drehen und zu führen, damit ich begriff, was sie wollte. Sie wollte, dass ich mich auf den Hocker setzte und an ihrer Stelle dort Platz nahm. Ich setzte mich und ließ die Füße wie auf der Bank am Rhein baumeln, ich saß jetzt vor der schwarzweißen Tastatur, die ich schon einige Male heimlich betrachtet hatte. Sollte ich jetzt darauf spielen, hatte sie das mit mir vor?

Die schwarz-weißen Tasten starrten mich an und schienen darauf zu warten, was nun geschehen würde. Ich wollte ein Zeichen geben, dass ich bereit war, deshalb legte ich meine beiden Hände mit weit ausgestreckten Fingern vorsichtig auf die Tastatur, ohne eine einzige Taste niederzudrücken. Wie Geisterhände lagen meine Hände nun auf den

Tasten, da beugte meine Mutter sich über mich und schlug mit dem Zeigefinger ihrer rechten Hand eine einzelne Taste an, dreimal, viermal tippte sie auf das weiße Elfenbeinholz, dann war es still. Ich streckte den Zeigefinger meiner rechten Hand aus und schlug dieselbe Taste an, ich blickte mich kurz nach Mutter um, ja, sie war einverstanden damit, dass ich nun spielte. Und so begann ich, mit dem Zeigefinger der rechten Hand langsam von Taste zu Taste hinaufzuwandern, erst die weißen, dann nur die schwarzen, dann abwechselnd weiß und schwarz, dann von oben nach unten, erst nur die weißen, dann nur die schwarzen, dann abwechselnd weiß und schwarz, bis ich die ganze Tastatur durch hatte.

Ich hörte aber nicht auf, sondern machte mit dem Zeigefinger der linken Hand weiter, die weißen, die schwarzen, ich hatte alles andere aus dem Blick verloren, ich hörte und achtete auf nichts mehr als auf die Musik, es war meine Musik, ich machte Musik, ich hatte endlich etwas gefunden, mit dem ich mich bemerkbar machen konnte.

Frühes Klavierüben

Als junge Frau hatte meine Mutter (wie ich viel später erfuhr) einen kleinen Kreis von Kindern im Klavierspiel unterrichtet. Das hatte sie noch im Haus ihrer Eltern auf dem Land getan, und anscheinend hatte ihr dieser Unterricht Freude gemacht.

Auf diese frühen Erfahrungen konnte sie zurückgreifen, als sie mich zu unterrichten begann. Dass Noten längere Zeit dabei kaum eine Rolle spielten, halte ich heute für ein Glück. Noten und Notenhefte hätten mir anfänglich unnötig Angst machen können. Dann hätte ich sie womöglich als starre Gesetzestafeln verstanden, die einem bestimmte Gebote auferlegten: Spiele in diesem oder jenem Tempo! Spiele nur diese Noten und keine anderen!

Viel wichtiger als »fehlerfreies Spielen« war, dass ich die Tasten langsam nacheinander anschlug. So konnte ich den Tönen folgen und hörte sofort, wie sie in einem Musikstück harmonierten. Der Grund-

satz, nur so schnell zu spielen, dass man jeden einzelnen Ton einer Komposition für sich wahrnahm und gleichsam »unter Kontrolle« hatte, war von großer Bedeutung. Denn so ein Spielen erzog zum genauen Hinhören und Unterscheiden.

Daneben kam mir das freie Improvisieren zugute. Im Allgemeinen mögen es Klavierlehrer nicht, wenn ihre noch unbedarften Schüler sich ohne Noten oder andere Vorgaben auf dem Klavier austoben. »Klimpere nie!« stand in manchen Übungsheften als goldene Regel auf den vordersten Seiten. Daran hat meine Mutter sich nicht gehalten, sondern mich so viel »klimpern« lassen, wie ich wollte.

Das hatte den guten Effekt, dass ich die gesamte Tastatur nach und nach erkundete und kennenlernte. Mal schlug ich eine Viertelstunde lang nur tiefe Basstöne an und kletterte mit den Fingern von einer schwarzen Taste zur andern, mal legte ich eine Hand quer auf einige weiße Tasten und horchte auf das Klanggemisch, das so entstand. Improvisieren war der Versuch, sich das Klavier mit allen mir damals zur Verfügung stehenden Mitteln anzueignen. Ich tastete es ab, schaute in seinen Körper und behandelte es wie ein Lebewesen, mit dem ich eine enge Freundschaft eingegangen war.

Ich habe meine Mutter erst sehr viel später wieder richtig spielen hören, zunächst aber wurde sie meine erste Klavierlehrerin. Man muss sich das vorstellen: Mutter und Sohn sitzen vor einem Klavier und erforschen, ohne miteinander sprechen zu können, gemeinsam das Instrument.

Es begann damit, dass der Deckel des dunkelbraunen Gehäuses aufgeklappt wurde. Von oben war die gesamte Mechanik zu sehen: die weißen Filzhämmer, die straff gespannten Saiten. Man konnte an ihnen zupfen oder die Filzhämmer auf die Saiten prallen lassen, man konnte mit allen fünf Fingern an ihnen entlang streichen und ein rauschendes Glissando erzeugen, man konnte aber auch mit beiden Händen wild in die Saiten greifen, um einige ekstatisch wirkende Tonfolgen zu erfinden. Das Innere des Klaviers ähnelte einem kleinen Orchester, das toben und rauschen und in dem man mit immer heißer werdenden Fingern eine freie Komposition spielen konnte.

Viel schwieriger waren dagegen die Fingerübungen, mit denen wir auch sofort begannen. In den ersten Unterrichts-Monaten lernte ich keine Noten, sondern spielte immer wieder die kurzen

Phrasen und Melodien nach, die Mutter mir vorspielte. Zunächst waren es kleine Motive für die rechte, dann Bassübungen für die linke Hand, nach etwa einem Monat spielte ich mit beiden Händen zugleich.

Ich begriff sofort, dass es darum ging, sich die Motive und Phrasen gut einzuprägen und sie dann wieder und wieder zu spielen, zuerst im Zeitlupentempo, allmählich dann immer schneller, jedoch immer so, dass man die Bewegung der Finger noch kontrollieren konnte. Schluderte ich und spielte zu schnell, zog Mutter meine Hände abrupt von der Tastatur zurück und spielte die jeweilige Passage noch einmal in langsamem Tempo.

Es war ein hartes, große Geduld erforderndes Training, ja es war eine Art Sport, der darauf zielte, jeden einzelnen Finger zu kräftigen und ihm zu immer schnellerer und leichterer Bewegung zu verhelfen. Mit der Zeit hörte ich mit diesem Training auch in den Stunden abseits vom Klavier nicht mehr auf. Ich ertappte mich dabei, dass ich während des Zeitschriften-Blätterns die Finger bewegte, ja ich trommelte manchmal sogar während des Essens mit den Fingern rasch auf der Stelle, als wäre ich ununterbrochen im Einsatz.

Erst später begriff ich, dass Mutter ihrem Unterricht die *Fingerübungen* von Czerny zugrunde gelegt hatte. Aus diesem Lehrbuch stellte sie ein kleines Übungsprogramm zusammen, ohne sich an die von Czerny empfohlene Reihenfolge zu halten. Ich kann mich jedoch nicht erinnern, diese Noten in den ersten Monaten des Unterrichts jemals gesehen zu haben, nein, es gab keine Noten, Mutter hielt sie vor mir verborgen, erst Jahre später entdeckte ich sie mit vielen Anstreichungen und eigens von Mutter zusammengestellten Listen.

Neben dem Üben der kleinen Stücke war meine größte Freude aber das freie Spiel. Das freie Spiel fand nach den Übungseinheiten statt und bot mir die Möglichkeit, etwas Neues auszuprobieren. Ich konnte eigene, kleine Melodien erfinden und mir meine eigenen Stücke basteln, ich konnte tun und lassen, was ich wollte, niemand redete mir drein, auch Mutter nicht, die sich zurückzog, wenn ich mit diesem Improvisieren begann.

Oft nahm ich mir dafür mehr Zeit als für das eigentliche Üben, und ich glaube noch heute, dass eine tief sitzende Infektion durch Musik weniger durch manisches Üben als durch Improvisieren geschieht. Das Improvisieren machte mich ohne Befehle und Regeln mit dem Klavier vertraut und sorgte für einen starken, emotionalen Kontakt. Meist verlief es wie ein Gespräch mit dem Instrument, und in besonderen Momenten kombinierte ich das Spiel auf den Tasten sogar mit den Griffen ins Innere des Instruments. Ich spielte dann stehend, mit der linken Hand in der Tiefe des Kastens, mit der rechten auf der Tastatur.

Jahrzehnte später habe ich einmal ein Konzert mit Keith Jarrett erlebt, der seinen Auftritt ebenfalls im Stehen begann, eine Hand zupfte an den Saiten des Flügels, die andere begleitete auf der Tastatur. Ich schloss die Augen und glaubte plötzlich, das kleine Kind, das ich einmal war, spielen zu hören. Ich weiß noch, wie mir ganz heiß wurde, es war ein heftiger emotionaler Schub, der mich plötzlich wieder in die Kindheit versetzte. Einen Moment lang hatte ich sogar Angst, wieder die Sprache zu verlieren. Ich musste aufstehen und das Konzert sofort verlassen, ich floh geradezu auf und davon, obwohl ich mich monatelang auf nichts so sehr gefreut hatte wie auf dieses Konzert.

Erst heute ist mir klar, wie ideal das Klavierüben damals für mich war. Es bedeutete das Ende
der langweiligen, vertrödelten Stunden auf dem
Kinderspielplatz und den Anfang eines straffen
Übungs-Programms, dessen Erfolge deutlich zu
erkennen waren. Zwei Stunden am Vormittag und
zwei am Nachmittag – das war keine Qual, sondern es war die wichtigste und schönste Zeit des
Tages für mich.

Hinzu kam, dass ich sehen und erleben konnte,
wie sehr die Eltern sich über meine Leistungen
freuten. Manchmal war Mutter von ihnen sogar so
begeistert, dass sie während meiner Improvisatio-
nen aus einem anderen Raum der Wohnung in das
Esszimmer kam, eine Weile zuhörte und irgendwann zu klatschen begann. Mutter klatschte! Mutter lächelte! Hatte ich bisher jemals erlebt, dass sie
sich so über mich freute und dass sie so einverstanden mit dem war, was ich tat?

Ich war nicht länger ein kleines, wenig beach-
tetes Etwas, nein, ich war nun ein Klavierspieler,
der das fehlende Sprechen durch das Klavierspiel
ersetzte und sich mit Hilfe dieses Spiels auszudrü-
cken versuchte.

Klavier üben und schreiben

Einige Jahre hat meine Mutter mich im Klavier-
spielen unterrichtet, und ich habe rasch große Fort-
schritte gemacht. Kein Wunder, ich hatte schließlich
viel Zeit, denn ich hatte keine Freunde und auch
sonst keine Ablenkungen. Morgens und nachmittags
einige Stunden zu üben, das erforderte weder beson-
dere Disziplin noch musste mich irgendjemand aus-
drücklich dazu auffordern. Ich übte vielmehr jeden
Tag von allein, und das mit Vergnügen, weil ich zum
ersten Mal in meinem noch jungen Leben bemerkte,
was es bedeutete, in einer bestimmten Sache gut
voranzukommen.

Vielleicht hat dieses Vorankommen auch dazu
beigetragen, dass ich schließlich wieder zu spre-
chen begann. Genau weiß ich das nicht, ich vermute
heute jedoch, dass die Kenntnis der vielen Kompo-
sitionen dazu beitrug, mich an die Strukturen der
Sprache und an lautes Sprechen zu gewöhnen.

Die nächste große Herausforderung bestand darin, schreiben zu lernen. Da ich in der ersten Volksschulzeit weit hinter den anderen Mitschülern zurück war, begann mein Vater, mich nun auch täglich im Schreiben zu unterrichten. Zum Klavierunterricht gesellte sich der Schreibunterricht, und der eine Unterricht machte dem andern, ohne dass so etwas beabsichtigt war, Konkurrenz.

Klavierüben und Schreibenlernen konnten aber auch auf glückliche Weise ineinander übergehen, und manchmal kam es sogar vor, dass die Schreibübungen sich ganz direkt mit den Übungen am Klavier beschäftigten und sich auf sie bezogen. Der unkonventionelle Schreibunterricht meines Vaters erschien dann als eine ideale Ergänzung und Fortführung des unkonventionellen Klavierunterrichts meiner Mutter. Von beiden Unterrichtsformen angezogen und geprägt, machte ich selbst schließlich etwas ganz Neues daraus: Ich schrieb über Musik, und ich tat das ebenfalls so unkonventionell und überraschend, dass niemand (und natürlich auch ich selbst nicht) begriff, wie ich auf ein solches Schreiben gekommen war.

Mama will also auf das aufbauen, was ich bereits mit Papa gemacht habe. Die Art zu schreiben (auf einer Seite, mit unterschiedlichen Stiften) bleibt dieselbe, es kommen nur ganz andere Aufgaben und Übungen hinzu. Mama sagt das ausdrücklich, sie sagt »wir machen genauso weiter wie in der Schreibschule von Papa, wir machen es nur leicht anders«. Gut, das verstehe ich jetzt. Aber wie soll ich über Musik schreiben? Diese Frage ist noch nicht beantwortet.

Mama sagt: »Wir fangen genauso an, wie Du vorgeschlagen hast. Du schreibst oben auf die Seite: *Etüde in G-Dur von Carl Czerny.*« In Ordnung, ich schreibe das hin. Und weiter? »Und jetzt notieren wir Wörter oder auch Sätze, die schreiben wir untereinander. Die Wörter oder auch Sätze entstehen in Deinem Kopf, wenn ich Dir das Stück vorspiele. Hör genau zu, schließ die Augen und schreib auf, was Du siehst und hörst, während ich spiele.«

Mama und ich wechseln die Position. Ich sitze jetzt rechts neben ihr, sie sitzt auf dem Klavierhocker, auf dem sich noch ein kleines Kissen befindet. Dann spielt sie die Etüde in G-Dur von Carl Czerny: einmal, zweimal, dreimal, das reicht. Und jetzt notiere ich auf dem Block, was ich während des Hörens im Kopf gesehen und gehört habe:

Ein kleines Mädchen. Hin und her. Es spielt, es blickt nicht um sich. Es springt, hüpft, auf einem Bein, dann mit beiden Beinen. Es ist allein. Die Mutter schaut aus dem Fenster. Das Mädchen bemerkt sie nicht.

Mama sagt, ich solle ihr vorlesen, was ich aufgeschrieben habe. Ich lese es vor, und die Mama lobt mich: »Sehr gut. Der Anfang einer kleinen Geschichte. Jetzt spiele ich noch eine andere Etüde von Czerny, und zwar die in C-Dur.«

Ich mag die Etüden von Carl Czerny ja nicht besonders, aber darum geht es jetzt nicht. Auch Stücke, die man nicht mag, hinterlassen Spuren, Bilder und Träume in meinem Kopf. Um solche Wirkungen geht es. Mama spielt die C-Dur-Etüde, ich höre und schließe die Augen, und dann schreibe ich:

Ein Küken läuft umher. Stolpert. Läuft weiter. Läuft auf und ab. Weiß nicht wohin. Läuft wieder zurück.

Die Mama sieht es und stakst (neues Wort!) in seine
Nähe. Da weiß das Küken, wo es sich befindet.

Danach spielt Mama noch eine dritte Etüde von
Czerny, und ich notiere Stichwörter auf einer dritten Seite. Als ich damit fertig bin, schickt Mama
mich in mein Arbeitszimmer. Ich soll, was ich notiert habe, »ausarbeiten«. Dabei soll ich aber nicht
allzu viele neue Wörter verwenden. Die bereits
aufgeschriebenen Wörter sollen das Gerüst bilden,
und um dieses Gerüst herum darf es wenige neue
Wörter geben. Ich soll also nicht viel dazu erfinden. Was ich genau mit den bereits aufgeschriebenen Wörtern mache, bleibt mir überlassen. Vielleicht eine Geschichte? Vielleicht ein Gedicht?
Vielleicht eine Szene? Mama ist gespannt.

Als ich in meiner Werkstatt sitze, brauche ich keinen Moment zu überlegen. Ich habe drei Seiten
notiert, und Mama hat drei Vorschläge gemacht.
Ich werde aus den aufgeschriebenen Wörtern eine
Geschichte, ein Gedicht und eine Szene machen.
Ich lese mir alles noch einmal durch, dann weiß
ich, wie ich vorgehe. So entstehen drei Texte.

Etüde in G-Dur von Carl Czerny.
Das kleine Mädchen im blauen Kleid läuft zwi-
schen zwei Bäumen hin und her. Es hat ein Fähn-
chen in der Hand. Mit dem Fähnchen schlägt es
gegen den einen, dann gegen den anderen Baum.
Es schaut nicht um sich, es spielt allein. Dann
springt und hüpft es. Auf einem Bein, auf beiden
Beinen. Es spielt und bemerkt nicht, dass seine
Mutter aus dem Fenster des Hauses nach ihm
schaut. Die Mutter freut sich über das Spielen
des Mädchens.

Etüde in C-Dur von Carl Czerny.
Ein Küken läuft umher.
Stolpert.
Läuft weiter
Läuft auf und ab
Weiß nicht wohin
Läuft zurück.

Die Mama sieht es
und stakst in seine Nähe.

Da weiß das Küken,
wo es sich befindet.

Etüde in D-Dur von Carl Czerny.
– Nun sag doch endlich!
– Schschsch …
– Verdammt, sag was!
– Mmmm.
– Mach den Mund auf!
– Pffff …
– Ich will was hören!
– Rrrrr ….

Als ich fertig bin, gehe ich in das Wohnzimmer zurück und zeige meine drei Texte der Mama. Sie liest alle drei nacheinander laut vor und findet, dass sie sehr gut sind. Dann sagt sie, man könne merken, dass ich schon etwas Erfahrung mit dem Schreiben habe. Sonst wäre ich nicht so rasch damit fertig geworden. »Langes Nachdenken ist oft nur langes Rumsitzen«, sagt die Mama. Ich merke, dass die Mama mit ihren Aufgaben zwar an die von Papa anschließt, aber auch einiges anders macht. Auf die Idee, über Musik zu schreiben, wäre Papa jedenfalls nicht gekommen. Papa hat andere Ideen. Worin unterscheiden sich die Aufgaben der beiden aber genau? Das kann ich noch nicht sagen, ich nehme mir aber vor, später einmal darüber eine »Reflexion« zu schreiben. Vorerst merke ich mir schon einmal Mamas Satz: »Langes Nachdenken ist oft nur langes Rumsitzen.« Diesen Satz finde ich gut, nein, ich finde ihn sehr gut.

Mama soll noch mehr in dieser lustigen Art sagen, ich höre ihr gerne zu. Am liebsten höre ich, wenn sie über Musik spricht. Um ihr weitere Sätze zu entlocken, frage ich sie, warum meine Texte über die Etüden von Carl Czerny gut seien. Sie antwortet, dass wir Musik nicht nur hören, sondern eben auch sehen. Das aber wissen die wenigsten Menschen, sie ahnen es nicht einmal. Wenn wir Musik hören und dabei die Augen aufreißen und nur hören, sehen wir natürlich nichts. Wir müssen uns also innerlich einen Schritt vom Hören entfernen, damit wir auch etwas sehen. Wir können das machen, indem wir die Augen schließen, aber wir können auch mit geöffneten Augen hören. Dann müssen wir aber wie durch einen Schleier sehen. In Konzertsälen und während eines Konzerts starrten die meisten Menschen mit weit geöffneten Augen auf die Musiker, als könnten sie so die Musik sehen. »Gerade dann sehen sie die Musik aber nicht!« sagt die Mama, »sie schauen dann wie die Ochsen, die gar nicht wissen, was sie sehen, aber laufend weiter starren.«

Ich muss lachen. Mama hat recht, genau so schauen die Ochsen: auf einen Punkt, als müssten sie ihn durchbohren. Dabei sehen sie eigentlich gar nichts – vor lauter Hingucken. Bisher war ich noch nicht in großen Konzerten, wohl aber habe ich in unserer Kirche einmal zusammen mit anderen Zuhörern Chor- und Orgelmusik gehört. Ich erinnere mich, dass die Zuhörer alle auf die Musiker schauten und beobachteten, wie sich die Musiker an ihren Instrumenten bewegten. Ich erzähle das der Mama und frage sie, ob die Beobachtung von Musikern während ihres Musizierens nicht das Sehen der Musik verhindere. »Das tut es«, sagt die Mama, »Musiker beim Musizieren zu beobachten verhindert, dass man die Musik richtig hört und sieht. Man konzentriert sich genau auf das Falsche.«

Mama fragt mich dann, ob ich in Zukunft noch weitere *Sehübungen* beim Hören von Musik machen und sie aufschreiben möchte. Das will ich unbedingt. Die Stücke, die ich hörend sehe, sollten aber schwieriger und besser sein. Mama ist erstaunt, dass ich so etwas sage. Wieso finde ich die drei Etüden von Carl Czerny schlecht? Ich sage, dass sie schlecht seien, weil ich sofort höre, dass es Stücke für Kinder sein sollen. »Diese Stücke tun so, als sprächen sie mit kleinen Kindern«, sage ich, »sie sprechen aber gar nicht wirklich mit ihnen.« »Und wieso nicht?«, fragt die Mama. »Sie sprechen mit Kindern wie Erwachsene, die mit Kindern freundlich sprechen, sich aber eigentlich nicht für sie interessieren.«

Mama findet das, was ich da gerade gesagt habe, so interessant, dass sie es, wie sie wirklich sagt, »am liebsten selber aufschreiben möchte«. Ich sage, dass ich es doch aufschreiben könne, das sei ganz einfach. »Hast Du über alle Stücke, die Du übst, eine so klare Meinung?«, fragt die Mama. Und ich antworte, ja, natürlich, ich habe zu allen Stücken eine klare Meinung. Ob und warum sie mir gefallen oder nicht gefallen. Ich könne das auch gerne aufschreiben, nicht alles sofort, aber nacheinander. Dann würde ich nicht nur aufschreiben, was ich beim Hören von Musik an Bildern und Geschichten sehe, sondern auch, was ich von den gehörten Stücken halte und denke.

»Sehr gut, das machen wir!«, sagt die Mama, und dann sagt sie, dass sie neugierig sei, was ich über die Stücke denke, die wir zusammen üben. »Am liebsten würde ich darüber auf der Stelle mehr erfahren!«, sagt sie. Ich antworte, dass ich schon einmal mit diesem Schreiben anfangen werde und dass wir es dann fortsetzen könnten. Auf diese Weise gebe es neben dem Schreiben über »gesehene Musik« auch ein Schreiben über »gedachte Musik«. Musik sehen und Musik denken – schon hätten wir wieder zwei neue Themen, Papa werde staunen.

Mama hatte recht. Der Beginn unserer Zusammenarbeit zeigte nicht nur, dass ich mit dem Schreiben schon etwas Erfahrung besaß und daher rasch wusste, wie bestimmte neue Aufgaben zu bewältigen waren. Er zeigte auch, dass ich die gestellten Aufgaben bereits selbständig auszubauen und zu erweitern verstand. Das Schreiben war mir nicht mehr fremd, ich hatte vielmehr schon einiges von seinen Magien begriffen, nein, ich spürte diese Magien längst am eigenen Körper. Schritt für Schritt wurde er vom Schreiben gefangen genommen, und zwar so, dass das Schreiben wie ein eige-

45

ner Motor und wie eine alles beherrschende Kraft in ihm zu wirken begann. Was aber geschah da? War das Schreiben eine Infektion, eine Krankheit? Unterdrückte es mit immer stärkerem Vordringen viele andere Energien (solche des Sehens, Fühlens, Gestaltens)?

Heute weiß ich, dass ich bereits damals etwas von der beginnenden Dominanz des Schreibens gegenüber anderen Lebensformen spürte. Ich spürte es dadurch, dass ich zum Schreiben kaum noch Distanz hatte. Nach meinem frühen, morgendlichen Aufstehen dachte ich nicht: »Ach, verdammt, jetzt muss ich schreiben. Und was werde ich schreiben? Und wird es auch gelingen? Und ist es nicht mühsam?« Ich zog vielmehr den Bademantel über und ging in meine Werkstatt.

Dort nahm ich ein Blatt, schloss kurz die Augen und begann zu schreiben. Nicht dass ich irgendeine Ahnung gehabt hätte, was genau ich schreiben würde, nein, ich hatte wirklich Tag für Tag keinerlei Ahnung. Höchstens die erste Wendung oder den ersten Satz hatte ich manchmal im Kopf, ohne aber zu wissen, wie ich weitermachen würde.

Solche ersten Wendungen oder Sätze überfielen mich manchmal nachts, während eines kurzen Wachseins. Es waren ganz einfache, anscheinend nichts sagende Sätze, Sätze wie »Ich habe gestern auf dem L.-Platz besonders viele Tauben gesehen. Wo sie bloß herkamen?« Oder: »In der Bäckerei P. schaut mich die Verkäuferin länger an als andere Kunden. Sie zieht die Augenbrauen zusammen und tut so, als müsste sie in meinem Gesicht einen Fehler finden.« Hatte ich solche Sätze am Morgen noch in Erinnerung, schrieb ich sie rasch hin. Ich konnte sicher sein, dass ich schon während des Hinschreibens den dritten oder vierten Satz heranrücken sah. Er stand noch nicht fest, sondern erschien flüssig und undeutlich, aber wenn die ersten beiden Sätze notiert waren, hörte ich in meinem Kopf den dritten und vierten Satz längst, als hätte mir jemand diese Sätze diktiert (oder eingeflüstert).

Die Selbstverständlichkeit, mit der die Sätze auftauchten, entstanden und schließlich feststanden, zeigte, wie sehr mich das Schreiben in Besitz genommen hatte. Im Nachhinein kommt es mir vor wie ein Pakt. Ich gebe mein Leben für dieses Schreiben, mein Leben wandert hinüber in seine

Reflexe, Aktionen und Energien. Dafür belohnt mich das Schreiben mit großer Wachheit. Ich sehe das Leben nicht nur genauer, sondern ich sehe es überhaupt erst. Das Leben fliegt nicht mehr an mir vorbei, sondern es wird festgehalten und gestaltet. Dieses Gestalten hinterlässt eine fast unheimliche Energie. Mit all ihren kraftvollen Impulsen beherrscht sie mein ganzes Tun, ich empfinde keinen Widerwillen, keine Abwehr, keine Zurückhaltung. Vielmehr will ich aus und von dieser Energie leben. So viel wie irgend möglich.

Was ich beschreibe, liest sich wie die Beschreibung eines Süchtigen. Und genau so ist es. Das Schreiben wurde, scharf formuliert, zu einer Sucht. Milder und poetischer gesagt: Das Schreiben wurde »zu meiner Passion«. Dass sie es werden konnte, hatte allerdings mit der weiter in mir lebenden Angst zu tun: mit der Angst, die Sprache und das Sprechen wieder zu verlieren und für immer das Dasein eines Idioten führen zu müssen, der von fast allen Menschen (nur nicht von den Eltern) gehänselt, beschimpft und verachtet wird. Bloß das nicht wieder! Bloß niemals wieder »ein ekliger Schisser« genannt werden!

Die erste Stunde meiner Arbeit mit Mama endet damit, dass ich mich noch einmal in meine Werkstatt setze. Mama zuliebe schreibe ich noch ein paar kurze Texte über Stücke, die ich gerade übe. Es sind Texte über *Gedachte Musik* (wie ich es nenne):

Drei Etüden von Carl Czerny.
Diese Etüden tun so, als sprächen sie mit kleinen Kindern, sie sprechen aber gar nicht wirklich mit ihnen. Sie sprechen mit Kindern wie Erwachsene, die mit Kindern freundlich sprechen, sich aber eigentlich nicht für sie interessieren. Sie sagen etwas Nettes, Freundliches, und dann gehen sie wieder weg, ohne zu hören, was das Kind antwortet. Sie wollen sich mit dem Kind nicht wirklich beschäftigen, sie lassen es einfach stehen.

Sonatinen von Wolfgang Amadeus Mozart.
Diese Sonatinen klingen so, als würden sie nebenan, in einem Nebenzimmer, gespielt. Man kann sie hören, aber man hört sie nicht direkt. Wenn man sie hört, glaubt man, dass nebenan ein paar Kinder spielen, die lieber unter sich bleiben und nicht mit einem spielen wollen. Sie wol-

len, dass man zuhört, aber sie wollen nicht, dass man hinüber, zu ihnen kommt.

Bagatellen von Ludwig van Beethoven.
Diese Bagatellen klingen so, als hätte Ludwig van Beethoven sie für sich selbst geschrieben. Sie sind nicht für einen da, sondern kommen aus einer ganz anderen Welt. In diese Welt kann man beim Hören nicht eindringen, auch wenn man es noch so sehr versucht. Klopft man an die Tür der anderen Welt, schaut nicht einmal jemand heraus. Man klopft und klopft – und dann wird es einem zu viel, und man lässt Ludwig van Beethoven mit seiner Musik allein weitermachen.

Kinderszenen von Robert Schumann.
Diese Kinderszenen klingen so, als säße Robert Schumann neben einem auf dem Boden und spielte mit uns Kindern, die auch alle auf dem Boden sitzen. Wir spielen und spielen, und Robert Schumann spielt dasselbe wie wir: Er stellt kleine Zäune auf, und er stellt viele Tiere zwischen die Zäune. Wir schieben die Tiere hin und her, lassen sie laufen und bringen sie am Abend in ihre Ställe. Schließlich glauben wir (und be-

*merken es nicht einmal), dass Robert Schumann
ein solches Kind ist, wie wir eines sind. Dann
aber bemerken wir es doch und wollen ihn anschauen. Doch er hat sich weggeschlichen, heimlich, ohne uns etwas zu sagen. Wir aber spielen
weiter und denken an ihn.*

Musik hören 1

Mit dem Beginn des Klavierübens veränderte sich auch meine Haltung zum Musikhören. Es war mir nicht mehr gleichgültig, welche Musik gerade in unserer Wohnung lief, ich wollte darüber auch mitentscheiden. Das führte dazu, dass mein Vater mich manchmal in einen Schallplattenladen begleitete und ich dort zwei oder drei Platten (nach ausführlichem Probehören) auswählen durfte.

Der erste Komponist, dessen Stücke ich ganz bewusst zu Lieblingsstücken erklärte, war Wolfgang Amadeus Mozart. Sicher trug dazu eine ganz bestimmte Schallplatte bei, die mir zu erklären versuchte, wer dieser Mozart einmal gewesen war. Und wahrscheinlich spielte darüber hinaus eine bedeutende Rolle, dass diese Platte mir den jungen, kindlichen Mozart nahebrachte, zu dem ich selbst als junges, klavierübendes Kind eine Art »Beziehung« aufbauen konnte.

*Mozart war eben nicht nur ein Komponist, son-
dern auch ein lebenslustiger Junge gewesen, der leidenschaftlich gern Musik gespielt hatte. Vielleicht
hatte er überhaupt nur komponiert, um keine langweiligen Stücke anderer Komponisten spielen zu
müssen. Seine eigenen empfand ich jedenfalls nie als
langweilig, es waren vielmehr Stücke, die nicht nur
den Zuhörern Freude machten, sondern auch darauf angelegt waren, den Spielenden Freude zu machen. Daher begann ich, Mozarts Kompositionen
zu sammeln. Die erste Zeit kaufte ich keine einzige
Schallplatte anderer Komponisten, sondern immer
nur Mozart.*

*War er der erste geliebte Komponist, so gab es da-
neben auch Komponisten, deren Stücke ich nur mit
einem gewissen Widerwillen spielte. Ich nenne hier
keine Namen, aber ich erinnere mich gut, dass ich
mit diesem Widerwillen auch ganz deutliche Vor-
stellungen davon verband, wie diese Komponisten
gelebt und ihre Stücke geschrieben hatten. Jedenfalls
nicht so lebenslustig, guter Laune und schwungvoll
wie Mozart, eher verhaltener, gequälter oder sogar
ohne große Lust! Hatte es vielleicht sogar Komponisten gegeben, die überhaupt nicht gerne komponiert und es aus irgendwelchen dunklen Gründen*

doch immer wieder getan hatten? Ich hatte einige
im Verdacht, aber, wie gesagt, ich nenne auch jetzt
keine Namen.

03. *März 2005.* Ich habe die *Sonate für Klavier und
Violine in D-Dur, KV 7,* gestern wie einen Teil des
Studiums gehört. Daneben ist sie aber auch ein
Stück, das ich nicht hören kann, ohne mich an bestimmte Szenen meiner Kindheit zu erinnern. Lasse
ich mich auf ein solches Hören ein, wird das Stück
zu einer *Erinnerungssequenz,* in der Wahrneh-
mungs- und Empfindungsweisen meiner Kindheit
gespeichert sind. (Dieses Stück hat sich meiner Biographie bemächtigt, es ist ein Teil dieser Biographie,
wenn ich es höre, höre ich es *biographisch,* als ein
Erlebnismoment.)

KV 7 als ein Erlebnismoment meiner Biographie
zu hören, bedeutet: Den Weg zurück suchen in
jenen Raum der Kindheit, in dem genau dieses
Stück seine starke Wirkung entfaltete, danach fragen, wodurch diese Wirkung entstand, das Stück
als *Ur-Szene* verstehen.

Am Nachmittag gehe ich die alten Klassik-Schall-
platten meiner Kindheit noch einmal durch, von
denen sich einige besonders häufig gehörte noch
immer in der untersten Regalzone des Musikzim-
mers befinden. Neben ihnen steht auch noch immer der alte Dual-Plattenspieler, er ist eine Reli-
quie aus den frühsten Tagen des Musikhörens,
manchmal schaue ich zufällig hin und bemerke
ihn wieder, und schon fluten die Erinnerungen,
ganz von allein. Ich brauche nicht lange nach der
bewussten Platte zu suchen, ich finde sie rasch
und lege sie wieder auf, und plötzlich ist da wieder die vertraute Altherrenstimme in ihrem ge-
tragenen Kinderbelehrungston, die so tut, als erzähle sie braven Kindern von Mozarts Musik. Die
Platte, die ich jetzt wieder höre, heißt *Wolfgang,
von Gott geliebt*, es ist eine Platte aus den Fünfziger Jahren, meine Eltern haben sie mir damals zu
Beginn meines Klavierunterrichts geschenkt, es
war die erste Schallplatte, die nur für mich gekauft
wurde, es war *meine* Platte, nur ich hörte sie, und
ich habe sie so oft gehört wie keine andere Kin-
der-Schallplatte. Mathias Wieman ist der Erzähler
und Sprecher, eine helle Knaben-Stimme liest aus
Mozarts Briefen, daneben bekommt man einige

seiner ersten Kompositionen zu hören. Heutzutage ist einem sofort klar, dass es eine Platte aus den Fünfziger Jahren ist, die Stimmen haben etwas Pathetisch-Naives, und die Erzählungen handeln vom Wunderkind *Wolferl*, das sich auf seinen Jugendreisen angeblich ununterbrochen sauwohl fühlt, sich mit jedem, aber auch wirklich jedem, vom Kutscher bis hinauf zur Kaiserin, glänzend versteht und tief nachts, nach all seinen hinreißenden, die Zuhörer in Rage versetzenden Auftritten, noch immer nicht genug von der Musik hat, sondern sich hinsetzt und ein kleines Notenstück, drallig und frisch, aufs Papier wirft. Dem überdrehten Ton misstraute ich schon als Kind, irgendetwas stimmte nicht mit diesen Stimmen, und auch auf den Schwarz-Weiß-Fotografien der Sprecher und Musikanten war so manches nicht ganz in Ordnung, die Knaben zum Beispiel hatten diese hässlichen Nassfrisuren, die ordentliche Kinder sich damals mit einem kurz unter den Wasserstrahl gehaltenen Kamm selbst verpassten und die einen dann aussehen ließen wie Mamas Liebling, dem sie beim Fußball den Ball immer gleich abnehmen. Auch das Design war sehr pädagogisch und brav, doch egal, das Design interessierte mich damals nicht weiter und war ebenso wenig wie die aufgedrehten Erzählerstimmen von großer Bedeutung, die Hauptrolle spielte vielmehr ein einziges, mir ins Mark gehendes Stück: Die *Sonate für Klavier und Violine in D-Dur, KV 7 ...* – das war es, mitten auf der Platte war sie plötzlich dran und dauerte nicht mehr als ein paar Minuten, doch nachdem ich sie gehört hatte, wusste ich, *das ist Musik*, ist das eine Musik!, das musst Du sofort noch einmal hören und nochmal und nochmal ...

Damals gab es in unserem Haushalt noch keinen Fernseher, sondern nur ein einziges Radio sowie den Dual-Plattenspieler, *Musik* war zu der Zeit etwas Rares, man musste sich um sie kümmern, man musste Vorbereitungen treffen, wenn man sie hören wollte, also, zum Beispiel, im Schneidersitz Platz nehmen vor der geschlossenen Truhe des Plattenspielers, den Schlüssel umdrehen, den Tabernakel öffnen, die schwarz glänzende Platte aus dem Cover ziehen, sie mit den Fingern nur an den Rändern berühren und halten, sie auflegen und schauen, wie die Nadel aufsetzt auf den Rillen und sie entlangfährt. Dann kam die *Erstarrung*, was so viel bedeutete wie: Sich ganz dieser *einen* Sache verschreiben, die Augen schließen, alle Bilder verdrängen und hinein in den schwarzen und leeren Raum, in dem die Musik sich gerade abspielt. Das Klavier, die Violine…, ich lauschte, ich strengte mich an mit dem Hören, aber Mozart zu hören erforderte keine großen Anstrengungen, die Musik fand vielmehr sofort in mich hinein, am liebsten hätte ich sie mit nach draußen genommen und wäre mit ihr ins Freie gelaufen. Die *Sonate für Klavier und Violine in D-Dur, KV 7*, hatte etwas vom Laufen und Rennen im Freien und war von einer ansteckenden Freude, schon die satten und schwungvollen Läufe gleich zu Beginn lösten eine Euphorie aus, damals erlebte ich zum ersten Mal das Glück der Musik, eine komplette Überwältigung durch Töne und Klänge. Dieses kindliche Hören, denke ich jetzt, muss etwas Körperliches gewesen sein, etwas, das den ganzen Körper erfasste, ein Anschluss an versteckte Wärme- und Euphorie-Quellen, ein Übermaß an berauschenden Emotionen, die man als Kind in dieser Intensitätsstufe noch nicht kennt, plötzlich aber ist diese Gefühlswelle da, was macht man damit?, das Herz schlägt spürbar schneller, der Atem stockt, man zieht die Schultern ein wenig hoch, denn natürlich macht das alles auch Angst und ist einem nicht ganz geheuer…, und dann kommt wieder die Stimme des guten Onkels und erklärt einem, dass *KV 7* ein früher Geniestreich sei, da hat man ja zunächst mal einen Begriff, aha, ein *Geniestreich*, und man rennt ans Klavier und versucht sofort, auch einen Geniestreich hinzubekommen, schlägt also auf die Tasten, es muss doch möglich sein, so etwas auch gleich aus dem Stegreif zu komponieren, aber nein, stopp, das ist eine Täuschung, man bekommt es keineswegs hin, und plötzlich ist die Stimme des Onkels kein bisschen mehr freundlich, sondern verletzend und höhnisch, *Du* wirst so etwas *nie* hinbekommen, sagt sie jetzt, und man zieht den Tonarm sofort weg von der Platte und schleicht mit einem unguten Gefühl hinaus und davon…

Ich blätterte in den zerschlissenen und mit Tesafilm notdürftig geflickten Coverseiten der alten Platte, die Abbildungen sind noch in Schwarz-Weiß und sehr unscharf und kommen mir jetzt vor wie leicht verwackelte Filmbilder aus einem alten Kostümfilm. Die erste zeigt Mozarts Geburtshaus in der Salzburger Getreidegasse in einem dünnen, suppigen Nebel, ein paar Kutschen fahren vorbei, und kleine Gruppen von Spaziergängern stehen andächtig in wahrscheinlich gedämpfter Unterhaltung auf der gepflasterten Straße, während die zweite das berühmte Aquarell des noch berühmteren Pariser Aquarellisten zeigt, *Louis Carrogis, genannt Carmontelle* schreibt das Cover, Carmontelle hat die drei musizierenden Mozarts in Paris aquarelliert: Wolferl sitzt wie eine Miniatur-Marionette am Cembalo, der Vater steht hinter ihm und spielt Violine, während die Schwester hinter dem Cembalo steht und ein Notenblatt in der Hand hält, als begleite sie die beiden mit ihrem Gesang. In meiner Kindheit müssen die beiden Bilder Ikonen gewesen sein, jedenfalls habe ich sie bis heute genau in Erinnerung behalten, ich weiß sogar noch, dass ich die Abbildung des Hauses in der Getreidegasse für keine historische Abbildung hielt, sondern glaubte, dass in Salzburg alles noch genau so aussähe, man musste bloß hinfahren, und schon stand man inmitten dieser Kutschen und dieser sich gewiss über Wolferl und seine Geniestreiche unterhaltenden Menschen. Durch das pure Betrachten dieser Bilder entstand so eine starke und erst Ende der Fünfziger Jahre wirklich befriedigte Sehnsucht:

nach Salzburg zu fahren, um das Haus in der Getreidegasse und alles, was noch an Mozarts Musik erinnerte, zu sehen und vielleicht so etwas zu erleben wie ein sich in der Salzburger Traum- und Fernwelt einlösendes *KV 7*.

Und wie ging es weiter? Eng mit der eigenen Biographie verbundene Stücke markieren im Laufe der Zeit so etwas wie eine *Mozart-Hör-Biographie*: Nach *Wolfgang, von Gott geliebt* erhielt ich eine Gesamtaufnahme der *Zauberflöte*, deren Platten sehr bald zerkratzt waren, da ich den Tonarm immer wieder bei den Lieblingsarien (Papageno!, Papagena!, die Arien der Königin der Nacht!) aufsetzte und die mir fade erscheinenden Auftritte der ernsten Herrschaften (Tamino!..., schwer erträglich..., Sarastro!..., gerade noch...) zu überspringen versuchte. Auch die *Entführung aus dem Serail* wurde gleich auf erregende und fade Momente hin getestet und erhielt bald die üblichen Spuren von Duldung oder Zerstörung, während *Eine kleine Nachtmusik* für mich vielleicht das erste *sakrale* Werk war, das ich hörte, nicht nur Musik, auch nicht nur eine *Idee von Musik*, sondern etwas *Sakrales* und damit eine Unterhaltung Gottes mit einigen Auserwählten, die seine Sprache verstanden und deshalb zu antworten wussten. (*Sakrale Musik*, wie ich sie jetzt einmal nenne, hörte ich als Kind nicht immer wieder, sondern höchstens ab und zu und keineswegs nebenbei, sie richtete einen auf, wenn es einem nicht gut ging, wenn ich sie hörte, betrat ich ein dunkles, geheimnisvolles, stilles Gemach, in das allmählich ein wenig Licht fiel. *Eine kleine Nachtmusik* war sakrale Musik, Schumanns *Kinderszenen* waren es auch, die *Cello-Suiten* von Bach und seine *Partiten für Violine solo* waren sakrale Musik …)

Die russische Klavierlehrerin

Als ich endlich sprechen und relativ gut schreiben konnte, entstand zwischen meiner Mutter und mir eine leichte Entfremdung. Auch sie hatte nämlich wieder zu sprechen begonnen, und wenn wir jetzt sprechend und redend zusammen am Klavier saßen, waren wir in vielen Details unterschiedlicher Meinung.

Plötzlich beharrte meine Mutter darauf, dass ich eine bestimmte musikalische Phrase »so und nicht anders« spielen sollte, und ebenso unerwartet entgegnete ich, dass ich genau diese Phrase keineswegs so spielen werde, wie vom jeweiligen Komponisten vorgeschlagen und von meiner Mutter gefordert. Ich bemerkte deutlich, dass sie strenger und entschiedener wurde und mir keineswegs noch viele Freiheiten gestatten wollte. Selbst das Improvisieren, an dem ich nach wie vor festhielt, war für sie mit einem Mal etwas, auf das ich durchaus auch hätte verzichten können.

Ich selbst dagegen kämpfte um die alten Freiheiten und spielte viele Kompositionen so, wie sie mir eben gefielen. Ich verzögerte bestimmte musikalische Phrasen und hielt mich nicht an Forte- oder Piano-Empfehlungen. Nach wie vor betrachtete ich das Klavierüben als ein Spiel, das ich keinen verbindlichen strengen Regeln unterwerfen wollte.

Wir haben über diese häufiger werdenden Meinungsverschiedenheiten nie lange gesprochen. Heute nehme ich an, dass sie für meine Mutter ein Anlass waren, sich nach einer zweiten Klavierlehrerin umzusehen. Wenige Häuser von unserer Wohnung entfernt wohnte eine ältere Russin, die einigen Kindern des Viertels Unterricht erteilte. Eine Zeitlang wurde ich auch von ihr unterrichtet und erfuhr auf diese Weise zum ersten Mal, dass nicht alle Musikbegeisterten Mozarts Kompositionen für die schönsten überhaupt hielten.

22. April 2005. Musica practica. Als ich sieben oder acht Jahre alt war, wünschte ich mir nichts mehr, als endlich auch einmal ein Stück von Mozart zu spielen. Zweimal in der Woche ging ich zu einer russischen Klavierlehrerin in die Klavierstunde

und nahm in ihrer Wohnung auf einem gewaltigen, bequemen Sofa Platz. Vor mir war immer derselbe ältere Schüler dran, er nahm mich nicht zur Kenntnis und spielte bereits so perfekt, dass ich mich jedes Mal etwas schämte, nach ihm an die Reihe zu kommen. Meist erhielt ich eine Tasse Tee und dazu etwas Gebäck, aber ich rührte nur selten an den trockenen und eher zur Dekoration auf den Tisch gestellten Keksen, nur den Tee mochte ich, angeblich war es russischer Tee und damit ein Tee, den ich sonst nicht bekam, weil er nur in Russland hergestellt und nur an russische Teetrinker geliefert wurde. Solange ich auf dem Sofa saß, wurde niemals Mozart gespielt, sondern meist Stücke von Komponisten mit sehr mühsam auszusprechenden exotischen Namen, die in einer russischen Klavierschule standen und angeblich besonders für Kinder geeignet waren. Irgendwann aber, als es darum ging, neues Notenmaterial anzuschaffen, wagte ich es, Mozart ins Spiel zu bringen, ich schlug vor, einmal ein Stück von Mozart zu üben, sicher hatte doch auch er etwas für Klavier spielende Kinder geschrieben. An der Reaktion meiner Lehrerin bemerkte ich, dass ihr mein Vorschlag nicht passte, sie sagte es nicht laut und direkt, aber es war doch zu erkennen, dass sie gegenüber Mozart erhebliche Reserven hatte. Ich hatte mir nicht vorstellen können, dass es auf dieser Erde einen Menschen gab, der Mozart nicht liebte, niemals wäre ich auf einen solchen Gedanken gekommen. Von einem Moment auf den andern aber wusste ich nun, dass es Menschen gab, die an Mozarts Musik etwas auszusetzen fanden und sie weitaus geringer achteten als etwa die Musik Beethovens. Beethoven, sagte meine Klavierlehrerin, habe für das Klavier geschrieben, Mozart im Grunde nicht, Mozart auf dem Klavier zu spielen, sei »vertrackt« und durchaus »schwierig«, ja es gebe sogar bedeutende Pianisten, die es ablehnten, Mozart zu spielen. Als ich nachfragte, um welche Pianisten es sich dabei handle, fiel zum ersten Mal der Name Glenn Gould.

Aus einem Gespräch zwischen Bruno Monsaingeon und Glenn Gould:

B. M. Ist das immer so gewesen, dass Sie nichts übrig hatten für Mozart, schon während Ihrer Studentenzeit?

G. G. Soweit ich mich zurückerinnern kann.

(Dietrich Klose (Hrsg.): *Über Mozart.* Stuttgart 1991, S. 267)

Damals, in den späten Fünfziger Jahren, fuhr ich mit meinem Vater zum ersten Mal nach Salzburg, es war der Beginn unserer dann jährlich stattfindenden Reisen in diese Stadt, wir reisten im Sommer, im Winter, zu Aufführungen der Festspiele oder einfach nur, um ein paar Tage in Salzburg zu sein. Salzburg war eine Stadt, die uns beiden gleichermaßen gefiel, jeder von uns konnte mit ihr etwas anfangen, letztlich aber fuhren wir vor allem nach Salzburg, um dort an den verschiedensten Orten und zu den unterschiedlichsten Zeiten so viel Musik wie möglich zu hören (*Matineen* im *Kleinen Festspielhaus* oder im *Großen Saal des Mozarteums*, *Nachmittagskonzerte* im *Schloss Mirabell*, *Orgelkonzerte* im Dom, die *großen Messen* in St. Peter…, manchmal gingen wir zweimal täglich in ein Konzert, wie Süchtige, die nicht genug bekommen konnten). Das erste Klavier-Recital, das ich in Salzburg hörte, war ein Klavier-Recital Glenn Goulds, noch heute sehe ich den schmalen, großen, begeistert wirkenden Mann vor mir, der sein Solo-Konzert mit einer *Fantasie* des Niederländers Jan Peterszoon Sweelinck (1562–1621) begann, darauf die *Suite op. 25* von Arnold Schönberg und dann – wider alles Erwarten – eine Sonate von

Mozart spielte. Es war die *Sonate C-Dur, KV 330*, und sie hörte sich so schlicht, einfach und eingängig an, als könnte ich sie sofort vom Blatt spielen.

Ende der Fünfziger Jahre: *Musica practica*, mit dem Mozart-Spielen beginnen, den Körper noch enger anschließen an seine Musik, den Ort oder den Raum suchen, den sie beim Spielen einnimmt..., und beinahe gleichzeitig die Annäherung an den städtischen Raum Salzburgs, an seine Konzertsäle und Aufführungsorte von Musik, an seine Cafés und Wirtshäuser, an seine Speisen, Gerüche, Stimmungen...

Mozart spielen

Als Kind habe ich Mozarts Klavierkompositionen so gespielt, als hätte ich selbst sie geschrieben. Ich hatte nicht den geringsten Abstand zu ihnen, sondern war so mit ihnen verbunden, dass ich sie nie als besondere Herausforderungen begriff. Alles an ihnen erschien mir »selbstverständlich«: So, genau so, sollte Musik sein, ein ununterbrochenes Sprudeln und Fließen!

Je älter ich wurde, umso größer wurde dann der Abstand zu all diesen Stücken, die ihre scheinbare Naivität langsam verloren. Indem ich begreifen lernte, aus wie vielen miniaturhaften Phrasen sie bestanden und wie raffiniert und elegant sie mit diesen Miniaturen (in beiden Händen) umgingen, beobachtete ich ihren Verlauf wie ein Analytiker. Gerade deshalb fand ich aber nicht zum schlichten Mozartspiel der Kindertage zurück. Ich konnte Mozart nicht mehr spielen, ohne ihn zugleich auch »zu studieren«.

23.–25. April 2005. Studium 2 (Sonate in C-Dur, KV 545, 1. Satz). Diese kleine, unschuldigtuende Melodie in der rechten Hand will über vier Takte geführt werden, wie ein leiser Gesang, zurückgenommen, ein Vor-sich-hin-Summen, etwas beinahe Nicht-Vorhandenes, während die linke Hand bloße Begleitfiguren tickt und tackt und tickt und tackt, alles, wie gesagt, vier Takte lang, darauf nämlich folgen sechs Takte Tonleitern in der Rechten, beginnend auf A, absteigend bis D, sechs Takte scheinbar naivster Tonleitern, die den feinen Gesang der ersten vier Takte jäh beenden, während die linke Hand nur etwas sehr Kurzes, Begleitendes hinhaucht, und dann machen zwei Takte Schlussfiguren dem ersten Teil auch schon ein Ende... Und noch einmal zurück: Die kleine Melodie (der Anfang eines Liedes? Der Anfang von was?) bedarf keiner Akzente, ja nicht einmal einer besonderen Dynamik, sie soll für sich sprechen, sie flüstert sich so dahin, die Finger müssen jeden Anschlagswillen zurücknehmen und die Tasten mit immer derselben ausbalancierten Kraft berühren und drücken, während in der Linken eine ruhige Mechanik arbeitet, die ebenfalls keiner Dynamik bedarf, aber noch verhaltener gespielt werden muss als die Melodie in der Rech-

ten…, man hat sich gerade auf diese beiden An-
schlagsmomente eingestellt, da ist auch schon alles
zu Ende, denn es geht jetzt plötzlich darum, diese
Tonleitern zu perlen, nicht zu schnell, bloß nicht zu
schnell, sie müssen die Verbindung zu der Melodie des Anfangs noch halten, sie wollen nicht laut
ausgespielt, sondern eher gesetzt sein, wie winzige
Bausteine, die Finger wischen gleichsam nur kurz
über die Tasten, hinauf und hinab… Der zweite
Teil beginnt mit einem Sekunden-Geflüster der
Linken im Piano, das sich über fünf Takte verbreitet
und säuselt und wächst, während der Rechten dazu
nur ein paar hilflose, gesangliche Figuren einfallen, die wie zitiert oder geträllert wirken, Bruchstücke sind es, irgendwo herausgerissen, man kommt
nicht dazu, ihnen zu folgen…, denn nun folgen
vier Takte gebrochener Akkorde, die Linke gibt an
die Rechte weiter und die wiederum an die Linke,
das schaukelt sich voran und greift ineinander,
die Lied-Melodie und die zitierten, gesanglichen
Bruchstücke sind nun allerdings vollkommen vergessen…, vor allem überrascht uns jetzt, dass wir
plötzlich auf A landen, zwei Takte lang scheint sogar ein Crescendo (das erste) in A-Moll zu wach-
sen, es ist unglaublich, wieso denn A-Moll, gehört

71

sich das?, stimmt das mit den üblichen Modulationsmöglichkeiten überein?, nein, tut es nicht, A-Moll ist eine Provokation ..., und erst recht, dass diese zwei Takte A-Moll dann doch den Weg zum vorgeschriebenen G-Dur, also hin zur Dominante, finden..., dieser erste Teil des ersten Satzes muss mit der Dominante in G-Dur enden, das weiß jedes Kind, C-Dur als Haupttonart verlangt in der Mitte des ersten Satzes G-Dur, und von A-Moll ist in den Gesetzen der Kompositionskunst nirgends die Rede... Und: Wieso geht es nun weiter in einem wiederum überraschenden G-Moll? Einen vieltaktigen Überleitungsteil lang geht es durch so manche Tonart, wo sind wir?, was ist das?, bis die kleine Lied-Melodie des Anfangs plötzlich in F-Dur erscheint, sehr hoch, viel zu hoch im Grunde, summt sie sich aus, und dann brechen wieder die auf- und absinkenden Tonleitern hinein, die man jetzt so spielen muss, als wären all die vorhergehenden Modulationen niemals gewesen...

All diese vier-, sechs- oder achttaktigen Temperamente, die zudem noch in beiden Händen sehr verschieden sind, bedürfen des isolierten Übens, man muss sie üben wie Satzglieder, die man später aneinanderfügt, seltsam ist nur, dass man ihre Vereinzelung beim Hören nicht bemerkt, man *hört* diese Sonate, als wäre sie aus einem Guss, hätte Mozart sie dagegen nach den üblichen Regeln komponiert, wäre sie nichts anderes als die Sonate eines der vielen, heute vergessenen Komponisten seiner Zeit. (Diese Komponisten haben auf Symmetrie und Ebenmaß hin komponiert, und eben deshalb erscheinen uns ihre Kompositionen beim Hören brav und bieder, die Bausteine machen sich deutlich bemerkbar, mit den Scharnieren dazwischen wissen sie nichts anzufangen, Mozart dagegen hält den musikalischen Verlauf durch winzige Regelbrüche, die dem Ohr *schmeicheln,* es beschäftigen und ablenken, *im Fluss.* Im Groben schimmern die klassischen Maße durch, in den Details ist kaum noch etwas davon wieder zuerkennen ...)

Der spielende Körper aber registriert die Brüche, sie beunruhigen ihn, er würde sich gerne viel länger konzentrieren auf den Gesang der anfänglichen Melodie, wird aber gezwungen, sich laufend umzustellen, neue Befehle zu erteilen, unablässig ist er mit Koordinationen beschäftigt, und genau das macht das Mozart-Spielen so »schwierig«.

Der Meister und sein Schüler

Meine Mutter und die russische Klavierlehrerin –
sie hatten den Klavierunterricht vor allem als einen
technischen Unterricht verstanden. Ein wichtiger
Bestandteil eines solchen Unterrichts war das fort-
laufende Training der Fingerfertigkeit. Jede Klavier-
stunde begann mit solchen Übungen, deren Absol-
vierung etwas Sportliches hatte: als befände ich mich
an einem Turngerät und hätte die Aufgabe, eine
komplizierte Turnübung auszuführen.

In den frühen Jahren machte mir dieses Üben
sogar manchmal Spaß. Dann ging es darum, be-
stimmte Läufe, Sprünge oder Akkorde in einem be-
sonders hohen Tempo zu spielen. Oder darum, von
Ton zu Ton immer leiser zu werden, vom Fortissimo
bis hin zum Pianissimo. Ich stoppte meine Übungs-
einheiten mit einer Uhr und versuchte, Rekorde auf-
zustellen. Einen schwierigen Lauf in Fis-Dur über
die ganze Tastatur ausschließlich mit der linken

Hand – in achtzehn Sekunden! Eine chromatische Phrase über drei Oktaven, mit der linken und rechten Hand gleichzeitig – in nur fünfzehn Sekunden!

Solche Rekorde trug ich in mein Übungsheft ein und gab vor mir selbst damit an. Ich hielt mich für einen Virtuosen und nannte mich sogar so. Meine beiden Klavierlehrerinnen lachten darüber nur, betrachteten meine sonderbaren Übungen aber mit wachsender Skepsis. Wohin bewegte ich mich mit meinem Spiel? War das alles noch ernst zu nehmen?

Meine Mutter empfand meine veränderte Haltung zum Klavierspiel sogar als »unheimlich«. Irgendwann wurde es ihr zu viel, und ich bekam zu hören, dass sie mir nicht mehr »genug beibringen« könne und dass ich Unterricht von einem erfahrenen Pianisten erhalten solle, um weiter »gute Fortschritte« zu machen.

Die Wahl fiel auf Erich Forneberg (in einem Roman habe ich ihm den Namen Walter Fornemann gegeben), der sowohl an einem Gymnasium als auch an einer Musikhochschule unterrichtete. Darüber hinaus galt er als glänzender Musiktheoretiker, er hatte Bücher über Bach, Mussorgskij und Alban Berg geschrieben und war ohne Frage genau der richtige Lehrer für mich. Forneberg galt als ein

»Meister«, und die Konsequenz dieses hohen Rangs bestand darin, dass er sich seine Schüler auswählte. Mit Kindern und Jungen im vorpubertären Alter gab sich der Meister nicht ab, sie waren seinem nicht nur technischen, sondern auch hochtheoretischen Unterricht angeblich noch nicht gewachsen.

Meine Mutter wusste das, aber es kümmerte sie nicht im Geringsten. Deshalb telefonierte sie einfach mit dem berühmten Mann und bat ihn um einen Termin. Insgeheim war sie sicher, dass mein Spiel ihn überzeugen werde, ja, sie war sich sogar »absolut sicher«, wie sie mir später einmal erzählt und gestanden hat. Und so kam es dann zu einer ersten denkwürdigen Begegnung zwischen dem großen Virtuosen und einem Jungen, der diesen Virtuosen dann mit einer vorlauten Bemerkung irritierte und vielleicht gerade durch diese unüberlegte Bemerkung doch überzeugte.

Später hat Erich Forneberg es jedenfalls so dargestellt, was mir, ehrlich gesagt, nie gefallen hat. Ich wollte, dass er mich wegen meines beachtlichen technischen Könnens zu seinem Schüler machte. Er aber reagierte mit keinem Wort auf meine exaltierte Technik, wohl aber auf die dreisten Sätze und Kommentare zu Chopins Kompositionen, die ich im

Schreibunterricht einmal aus purer Laune formu-
liert hatte und naseweis zum Besten gab.

Es begann noch in meiner Volksschulzeit, als sich meine Mutter nach unserer Rückkehr vom Land und der Wiederaufnahme ihres Berufs als Biblio-thekarin nach einem Klavierlehrer für mich um-geschaut hatte. Durch Hinweise von Bekannten war sie auf einen Klavierpädagogen aufmerksam geworden, der damals in Köln bereits einen guten Ruf besaß. Er hieß Walter Fornemann und unter-richtete Musik an einem Kölner Gymnasium, galt zu dieser Zeit aber auch als ein ausgezeichneter Pianist, der an der Musikhochschule eine kleine Klasse von ausgewählten Schülern betreute.

Walter Fornemann war ein sehr lebendiger und ungemein ehrgeiziger Mensch. Man sah ihm den Ehrgeiz sofort an, wenn man seine raschen Be-wegungen, seine Direktheit und die Zielstrebig-keit mitbekam, mit der er jede Sache anpackte. Der Unterricht an Gymnasium und Musikhoch-schule genügte ihm nicht, nebenbei war er noch als Dirigent tätig und veröffentlichte schließlich auch noch musiktheoretische Bücher, die wohl den größten Anteil an seinem schnell wachsenden Ruhm hatten.

Meine Mutter hatte mit Walter Fornemann telefoniert und von ihm bereits eine beinahe definitive Absage erhalten, nein, Walter Fornemann wollte ein so junges Kind nicht unterrichten, nein, Walter Fornemann hatte für Anfängerstunden überhaupt keine Zeit. Immerhin hatte er sich aber darauf eingelassen, dass ich mich kurz vorstellen durfte, ja, nun gut, meine Mutter durfte mit mir einmal erscheinen, ich durfte ein kleines Stück spielen, und Walter Fornemann würde eine Empfehlung im Hinblick auf einen geeigneten Klavierlehrer aussprechen. Walter Fornemann hatte keine Ahnung, wozu er sich bereit erklärt hatte, denn nur wenige Minuten, nachdem er Mutter gesehen hatte, war er ihr auch schon verfallen. Sie sprach von ihrer Vorliebe zur französischen Musik, sie sprach von Berlioz, Debussy und Ravel, vor allem aber trug sie einen strengen, schwarzen und langen Mantel und dazu eine dunkle, schräg auf den schönen Kopf gesetzte Kappe.

Ihr Aussehen und ihre Worte harmonierten auf eine derart perfekte Weise, dass man ein Filmbild vor sich zu haben glaubte, Walter Fornemann konnte der Magie dieses Bildes nicht widerstehen, nach zehn Minuten sprachen die beiden miteinander auch französisch und gingen so vertraut miteinander um, als spielten sie gerade in einem Film von Jean Renoir.

So war unser Anliegen bereits auf dem besten Wege, als ich Platz nehmen und Klavier spielen durfte. Mutter bat mich, die erste *Arabeske* von Claude Debussy zu spielen, es handelte sich um ein Stück, das ich sehr mochte und wohl damals mit einem gewissen Kindercharme spielte.

Walter Fornemann stand mit dem Rücken zum Fenster und schaute mich an, als ich zu spielen begann, nach zwei, drei Minuten drehte er sich um und stand nun mit dem Rücken zu mir, und so blieb er auch die ganze Zeit regungslos bis zum Schluss des Stückes stehen.

Als ich damit fertig war, zeigte er keinerlei Reaktion, er spendete keinen Beifall, ja er lobte mich nicht einmal, obwohl ich nach meinem eigenen Eindruck gut gespielt hatte. Auch meine Mutter sagte nichts zu meinem Spiel, sondern sprach weiter über Debussy und die Eigenheiten seiner Klavierstücke, als wäre ich nur ein Demonstrationsobjekt für eine angeregte musiktheoretische Debatte zwischen Walter Fornemann und ihr.

Ich hatte mich bereits darauf eingestellt, unverrichteter Dinge wieder nach Hause zu gehen, außerdem war ich ein wenig darüber verärgert, dass Walter Fornemann mit mir kein einziges Wort sprach und mich nicht einmal aus Höflichkeit irgendeine Kleinigkeit fragte.

Dann kam er aber doch auf mich zu und fragte, ob ich ihm noch ein zweites Stück vorspielen wolle. Als ich nickte, fragte er weiter, von welchem Komponisten ich nun etwas spielen werde. Ich schaute ihn trotzig an und antwortete: *Das bestimmt Herr Fornemann.*

Das bestimme ich?, lachte er, und ich spürte in diesem Lachen einen leichten Hohn, als glaubte er nicht, dass ich bereits ein kleines Repertoire mit Stücken vieler bekannter Komponisten beherrschte. *Nun gut*, sagte er, *dann spiel uns doch eine Komposition von Frédéric Chopin!*

Walter Fornemann konnte nicht ahnen, was er von mir verlangte. Ich sollte Chopin spielen, ausgerechnet Chopin! Ich überlegte mir keine Ausrede, sondern sagte ihm, dass mir die Stücke von Frédéric Chopin nicht gefielen, und als Walter Fornemann nachfragte, warum diese Stücke mir um Himmels willen denn nicht gefielen, antwortete ich, dass diese Stücke *keinen Boden* hätten. *Keinen Boden?!*, fragte Walter Fornemann beinahe entsetzt, *keinen Boden?!*

Heute vermute ich, dass mir vor allem die skurrile Aussage, Chopins Klavierkompositionen besäßen keinen Boden, damals dazu verholfen hat, ein Schüler Walter Fornemanns zu werden. Später einmal hat Fornemann meiner Mutter gegenüber behauptet, er habe in mir ein junges Klaviergenie gewittert, eine Hochbegabung, ein rares Talent!

Ich jedoch kann mir einfach nicht vorstellen, dass mir das Vorspielen der schlichten *Arabeske* von Debussy diese günstige Prognose eingebracht hatte. Fornemann hatte weniger auf mein Spiel als auf meine gereizte Bemerkung über Chopin reagiert – das hatte ich doch genau bemerkt! Also hatte er in mir nicht einen jungen Virtuosen gesehen, sondern einen seltsamen, undurchschaubaren Typen mit gewissen originellen Spleens und Ideen, der ihm vielleicht einmal für seine musiktheoretischen Bücher nützlich sein konnte.

Wir haben es damals bei dem Vorspiel eines Debussy-Stücks bewenden lassen, Fornemann erklärte, dass er eine Ausnahme machen und mich ab sofort jede Woche eine Stunde privat und bei sich zu Hause unterrichten werde. Der Unterricht fand dann auch jeden Donnerstagnachmittag statt, Mutter kam von ihrer Arbeit zunächst in unsere Wohnung und brachte mich hin. Wenn ich bei Fornemann geklingelt hatte, erschien eine Haushälterin, führte mich in den Wintergarten, wo der Flügel stand, und brachte mir Tee und etwas Gebäck. Jede Unterrichtsstunde begann auf genau diese Weise, ich wartete ein paar Minuten allein und nippte am Tee, dann erst erschien Fornemann und begann mit seinem Programm.

Dieses Programm aber war darauf angelegt, die jeweiligen Stücke zunächst nicht zu spielen, sondern sie erst einmal zu verstehen. Um sie zu verstehen, zerlegte man sie in kleine Sinneinheiten und Phrasen und schaute sich an, wie diese Einheiten miteinander verbunden waren. *Man übt eine Kom-*

position niemals von vorne nach hinten!, sagte Fornemann und ließ mich die Phrasen einzeln und in völlig unterschiedlicher Reihenfolge üben.

Eine Komposition wurde so zu einem Mosaik, dessen Bausteine man aus dem Gesamtgefüge herauslöste, um sie dann wie Spielmaterial zu behandeln. *Schauen wir uns diese Drei-Takte-Idee einmal genauer an!*, schlug Fornemann vor und bat mich, eine bestimmte musikalische Idee in einer anderen Tonart zu spielen, sie auf zwei Takte zu verkürzen oder mit ihr zu improvisieren.

Damit solche Übungen nicht zu naiven Spielereien führten, musste ich möglichst rasch die Grundlagen von Harmonielehre und Kontrapunkt beherrschen. *Diese Sache hier geht über G erwartungsgemäß nach D und kehrt dummerweise nach C zurück*, zeigte er mir, um mich dann aufzufordern, *es ein wenig besser als Mozart in dieser Sonate zu machen und nicht nach C, sondern nach einem verblüffenderen Ton zurückzukehren.*

Was die Klaviersonaten der Klassik betraf, so war Joseph Haydn in Fornemanns Augen der uneinholbare Meister solcher Verblüffungen. Und warum war Haydn das? Weil er ein Meister des kleinteiligen, ironischen, eine Komposition in jedem Moment neu strukturierenden Denkens war! *Haydn überrascht den Zuhörer ununterbrochen,* sagte Fornemann, *Haydns Sonaten sind raffiniert, Mozarts Klaviersonaten sind dagegen Fingerübungen für Mannheimer Wirtshaustöchter, und genau das hört man ihnen auch an!*

Zu Beginn meines Unterrichts verstand ich einen Großteil dessen, was er sagte, nicht. Warum Haydn besonders *raffiniert,* Mozart hier und da *breitflächig* oder Beethoven manchmal *geradezu einfältig* komponierte – das konnte ich wegen meines Alters auch noch nicht verstehen. Das Besondere an Fornemanns Unterricht aber war, dass er darauf keine Rücksicht nahm, sondern mich wie einen Erwachsenen behandelte. Diesem Erwachsenen erklärte er in allen Nuancen und Feinheiten, dass eine Komposition nichts Fertiges und Geschlossenes war, das man stumm bewunderte, übte und dann irgendwann vortrug, sondern etwas, mit dem man beinahe unbegrenzt spielen konnte. Eine Haydn-Sonate wurde so zu einer Erzählung, die man sich in Bruchstücken immer wieder anders erzählte, mit Bruchstücken anderer Erzählungen verknüpfte und dann mit der Zeit, ohne dass man einen besonderen technischen Aufwand betrieben hätte, beherrschte.

Ein solcher Unterricht war für mein damaliges Können geradezu ideal, ja er war sogar derart auf die besonderen Ticks meines Gehirns abgestimmt, dass sich die ersten Erfolge bereits nach wenigen Wochen einstellten. Bestimmte musikalische Phrasen rückwärts zu spielen, sie in eine andere Tonart zu verwandeln, sie über mehrere weitere Tonarten wieder zur Ausgangstonart zurückzuführen – das waren Nummern, die mein Kopf in Windeseile durchspielte und an denen meine Finger eine größere Freude hatten als an den eher mechanischen Übungen, die meine Mutter mir aufgegeben hatte.

Dass das Klavierspiel vor allem eine Sache des Kopfes und der Fähigkeit, sich die Noten vorzustellen, einzuprägen und sie nach Belieben neu zusammenzusetzen, war, hatte ich immer geahnt, ich hatte nur nicht über die richtigen Grundlagen verfügt, mit dieser Fähigkeit umzugehen. Das aber änderte sich durch Fornemanns Unterricht, den ich jedes Mal wie im Taumel und daher eher wie eine Zirkusdarbietung als einen typischen Klavier-unterricht erlebte.

Fornemann aber wiederum hatte schnell bemerkt, an was für einen Schüler er da geraten war, es war in der Tat ein seltsamer Kopf mit verqueren Eigen-heiten und kaum durchschaubaren Operationen. *Jetzt spielen wir dieses D-Dur-Präludium von Bach einmal in a-Moll,* sagte er und lachte, wenn ich eine solche Aufgabe fehlerfrei und ohne Nach-denken bewältigt hatte. *Jetzt machen wir aus dieser kleinen Aria einmal eine kleine Gavotte,* erhöhte er den Schwierigkeitsgrad und entfernte sich von sei-nem Platz neben dem Flügel, um meine Improvi-sation aus der Ferne zu verfolgen …

Meine Mutter hat mir später einmal erzählt, wie Fornemann damals von mir geschwärmt habe. Ein solches Talent hatte er noch nie gesehen, ein sol-ches Talent musste überall vorgeführt und genauer untersucht werden!

Deshalb wurde der Einzelunterricht zunächst auf zwei und später sogar auf drei Stunden aus-gedehnt, und deshalb begann Fornemann, sich während des Unterrichts Notizen zu machen. Er wollte dahinterkommen, wie mein Hirn arbeitete, ja er wollte darüber sogar einmal etwas Längeres schreiben!

Daneben aber machte er sich rasch zunutze, dass ich keine Scheu vor öffentlichen Auftritten hatte und vor solchen Auftritten nicht aufgeregt war. *Wenn er den Mund halten darf und nichts sagen muss, ist er keine Spur aufgeregt,* erklärte er einmal einer Jury, der ich im Rahmen eines Wettbewerbs vorgespielt hatte. Er tat, als wäre ich seine Schöpfung und als wüsste er alles über mich, und er beeindruckte all die vielen Juroren, vor denen ich damals antrat, mit seinen Kommentaren wahrscheinlich noch mehr als ich sie mit meinem Spiel.

Die Folge dieser rauschhaften Zusammenarbeit waren die ersten Preise und Ehrungen, kleine, glänzende Pokale, die in einem Glasschrank untergebracht und regelmäßig abgestaubt und geputzt wurden. Ich machte mir nicht viel aus all diesen Preisen, nein, sie bedeuteten mir wirklich nicht viel, denn ich hatte nach meinem Empfinden bei solchen Wettbewerben keine richtige Konkurrenz. Natürlich gab es immer wieder Konkurrenten, die technisch ebenso gut oder sogar besser waren als ich, sie spielten aber meist unglaublich nervös, verhedderten sich hier und da und machten, wenn sie zum Beispiel mit einer Beethoven-Sonate kämpften, einen unangenehm überforderten Eindruck.

Passabel gespielt, aber nichts kapiert, nannte Fornemann ein solches Spiel, um kurz danach vor den Juroren damit anzugeben, wie sehr zum Beispiel gerade meinem Spiel doch Haydns Kompositionen lägen. *Ich wette, er spielt Haydns Sonaten besser als Haydn sie selbst gespielt hat,* behauptete Fornemann, und die Juroren, die so etwas bereits für eine brillante Bemerkung oder auch einen guten Witz hielten, lachten, ohne zu ahnen, dass Fornemann so einen Satz ernst meinte.

So traten wir beide als eine Art Duo auf, Fornemann kommentierte und brillierte mit seinen von allen als *geistreich* bezeichneten Einfällen, ich aber blieb stumm, setzte mich ungerührt an jeden Flügel, spielte fehlerfrei und improvisierte, *auf ausdrückliches Bitten der Jury,* zum Abschluss meines Auftritts *außerhalb des Wettbewerbs.* Dass solche Arrangements außerhalb des Wettbewerbs sehr dazu beitrugen, den Wettbewerb zu gewinnen, war Fornemann und mir natürlich bewusst, ich wunderte mich nur darüber, wie leicht die Juroren es Fornemann machten, sich mit seinen Zusatz-Wünschen und dem Zirkusdirektoren-Talent, das er in großem Maße besaß, durchzusetzen.

In meiner Familie brachte mir das alles nicht nur Anerkennung und Bestätigung ein, meine Mutter und mein Vater waren vielmehr nun überzeugt, dass meine ganze Zukunft im Klavierspiel liege. *Johannes wird einmal ein Stern am Pianistenhimmel,* hatte Fornemann meiner Mutter gesagt, wohingegen er mir kein einziges lobendes Wort sagte, sondern meist nur bestätigend, und als habe er nichts anderes erwartet, nickte, wenn das Publikum nach einem meiner Auftritte begeistert klatschte.

Und ich?! Genoss ich das alles nicht auch? Machte es mir nicht Freude, derart anerkannt zu werden? Ja, schon, es machte mir Freude, aber ich war noch nicht sicher, ob ich auch wirklich für den Beruf des Pianisten geeignet war und es am Ende tatsächlich zu etwas Großem bringen würde.

In meinem Innern nagte nämlich eine gewisse

Skepsis, und diese Skepsis hatte damit zu tun, dass ich mich eher als Mitglied eines Zauberer-Duos denn als eigenständige Erscheinung am Flügel wahrnahm. Walter Fornemann zauberte mit mir, und er wusste mit mir auch wahrhaftig zu blenden. Ich aber fragte mich, ob dem Publikum mein Spiel auch gefallen würde, wenn es hinterher nicht zu hören bekam, dass *diesem Kind dort vor Ihnen, meine Damen und Herren, ein neuer Schluss der zweiten Fuge des »Wohltemperierten Klaviers« eingefallen ist, die unseren Großmeister Johann Sebastian Bach sehr verblüfft hätte. Und warum hätte sie ihn verblüfft?! Weil sie besser ist als seine eigene!...*

Musik hören 2

In einer Tagebuch-Notiz aus dem Sommer 2005 habe ich eine kleine Fortsetzungsgeschichte meines jugendlichen Musikhörens geschrieben. Es begann (wie schon erzählt) mit Radio und Schallplatten und bewegte sich dann auch nach draußen, ins Freie. Überall und jederzeit Musik hören zu können, empfand ich als große Bereicherung. Es nahm dem oft so drögen Alltag seine Blässe und Konformität und verwandelte selbst die banalsten Umgebungen in strahlende Klangräume.

Ein häufiger Nebeneffekt dieses Musikhörens war, dass ich einfach aus dem vorgesehenen Zeitplan oder Tageslauf ausstieg. Ich setzte mich irgendwo hin, hörte zwei oder drei Stücke und dachte nicht daran, bestimmte Termine einzuhalten oder Pflichten nachzukommen. Kam ich zu spät, ließ ich mir eine passende Ausrede einfallen. Ich hatte etwas Wunderbares, Einzigartiges erlebt – da war jede Ausrede gerechtfertigt.

28. Juni – 07. Juli 2005. Alte Aufnahmen (Mozarts Violinkonzerte)/Zur Geschichte des Musik-Hörens. Die Befreiung vom Musik-Hören im Musik-Zimmer, diesem oft dunklen, statischen, mit Noten, Büchern und Instrumenten überfüllten Raum, erlebte ich Ende der Fünfziger Jahre, als ich mein erstes *Kofferradio* erhielt. Es war ein kleines, rotes, tragbares Gerät der Marke *Grundig*, das ich von nun an überallhin mitnehmen konnte. Um es richtig nutzen zu können, musste man sich in den Sendezeiten der Klassik-Programme auskennen, man stellte das Gerät an bevorzugten, einsamen Plätzen irgendwo drinnen im Haus oder draußen im Freien auf, damit wurden diese Räume in der näheren und weiteren Umgebung zu luftigen, kleinen *Konzert-Räumen*, in denen man Musik hören konnte, ohne durch Mit-Hörer gestört zu werden.

Das bewegliche, überallhin mitnehmbare *Kofferradio* bedeutete einen ersten Schritt hin zur Befreiung der Musik von ihren alten, kultischen Aufführungsräumen, es setzte die Musik neuen Umgebungen aus und nahm ihr etwas von ihrer sonst steifen Feierlichkeit. So wurde sie zu einem belebenden, stimulierenden *Medium* des Alltags, dessen man sich jederzeit bedienen konnte, um die Umgebung oder die eigene Stimmung zu verwandeln. Das *Kofferradio* transponierte Musik in alle Lebensvollzüge und machte sie dadurch zu einem selbstverständlichen Moment privater Erfahrung, bestimmte Momente dieser Wirklichkeit ließen sich auf diesem Weg leichter erkunden und erfassen, plötzlich *öffnete* Musik die Welt, sie *schloss sie auf*, sie *erschloss* sie … (Meine Begeisterung beim erstmaligen Hören von Mozarts Musik aus dem Kofferradio: Von nun an konnte ich also diese Musik mit mir herumtragen, ich konnte sie überall hören, jeder Raum war von nun an prinzipiell auch ein Raum für Mozarts Musik …)

In den Sechziger Jahren kam das *Auto-Radio* hinzu, wobei mir Musik aus dem Auto-Radio oft zu sehr als eine Art von Betäubung erschien, im Auto bekam sie etwas Tranchehaftes, Enges, der kleine Raum erhielt dann etwas von einer dem sonstigen Leben entzogenen Zelle, in die man während der Fahrt flüchtete, um der Umgebung zu entkommen. Fahren, Hören und Sehen – das vertrug sich nur selten miteinander, meist standen sich diese Tätigkeiten im Wege, die Musik beanspruchte zu viel Aufmerksamkeit, oder die Bilder ringsum löschten sie aus, oder das Fahren dominierte alle Gedanken, so dass man weder etwas hörte noch sah.

(Inzwischen gibt es dazu exaktere, musikpsychologische Untersuchungen, wobei man herausgefunden hat, dass genaues Hinhören auf Musik vom Autofahren ablenkt, und zwar in einem so starken Maße, dass die Musik hörenden Autofahrer es nicht einmal mehr bemerken. Während eher monotoner Strecken dagegen kann *Musikhören*, sofern der Fahrer nicht genau hinhört, sondern bloß hört, auch ein Gewinn sein:»Bei einem Tempo von 100 km/h kann auf einer langweiligen Strecke ein Autofahrer, der unvorhergesehen reagieren muss, dies 2, 77 m eher tun, wenn er Musik hört.« (Helga de la Motte-Haber/Heiner Gembris/Günther Rötter: *Das erste Experiment*. In: Helga de la Motte-Haber/Günther Rötter (Hrsg.): *Musikhören beim Autofahren*. Frankfurt/ M. 1990, S. 32)

Neben *Koffer-* und *Auto-Radio* gab es Mitte der Sechziger Jahre dann den ersten *Cassetten-Recorder* (der Marke *Philips*), der die endgültige Befreiung vom vorprogrammierten Hören bedeutete. Mit Hilfe des Recorders konnte ich Radio-Programme aufzeichnen und jederzeit hören, damals begann ich, Mozarts Musik gezielt (und mit Hilfe von *Werkverzeichnissen)* zu sammeln, vor allem aber ermöglichte der Recorder die Aufzeichnung von *Live-Konzerten* im Radio (aus der *Carnegie-Hall* ..., aus dem Konzertsaal des *Mozarteums* in Salzburg ...) und eine große Vielfalt von Mitschnitten der verschiedensten Interpretationen ein und desselben Stückes, die ich mir in dieser Zahl auf Schallplatte nie hätte leisten können. Mitte der Sechziger Jahre begann ich daher auch, die entlegensten und nur selten aufgeführten Kompositionen ernst zu nehmen und zu beachten, ja gerade die Seltenheit von Stücken war oft ein Kriterium dafür, Jagd auf sie zu machen und sie in den detailliert ausgedruckten, penibel studierten Programmlisten der *Programmzeitschriften* zu entdecken. (Gerade die besonders seltenen Stücke waren immens begehrt, ich kopierte sie, ich tauschte sie gegen Lücken in meiner Sammlung, jahrelang war dieses Sammeln ein zentrales Thema in den Gesprächen mit dem gleichaltrigen, besten Freund, der zum Glück einen ganz anderen Musik-Ge-

95

schmack hatte als ich (sein Hang zu den schweren, tragischen Stücken, zu Bruckners *Symphonien,* zur italienischen, großen Oper).)

Der Kauf eines *Walkman* in den Achtziger Jahren bedeutete den nächsten Schritt hin zu einem noch freieren Hören. Sein großer Vorzug bestand darin, dass er leicht war und sich irgendwo am Körper anbringen ließ, wie ein Musik-Instrument wurde er so beinahe zu einem Teil des Körpers selbst, über die Ohrenstöpsel der Kopfhörer *bespielte* er ihn, die Musik wirkte nun ganz direkt und physisch auf den Körper ein, denn der Walkman veränderte seine Bewegungen und Rhythmen, ja er absorbierte ihn, wann immer das gewünscht war, beinahe vollständig von störenden Geräuschen der Umgebung. (Als das höchste Ziel des Walkman-Hörens erschien mir damals die *Augenblicks-Präsenz der Musik,* ihr Leuchten und Erstrahlen in der Zeit, ihre *Vereinigung mit dem Raum,* so wie es euphorische Theorien dieses Hörens damals skizzierten:»Autonomie ist nicht immer ein Synonym für Isolation, Individualisierung, Trennung von der Realität; vielmehr ist sie, so paradox es auch erscheint, unerlässlich für den Prozess der

Selbst-Vereinheitlichung. Walkman-Hörer müssen nicht unbedingt von ihrer Umgebung abgeschnitten sein (oder «entfremdet», um einen wertlastigen Begriff zu benutzen), indem sie ihre Ohren schließen. Sie sind eher mit dem autonomen, einmaligen Augenblick, dem Realen, vereint – jedoch nicht als Personen oder Individuen.« (Shuhei Hosokawa: *Der Walkman Effekt*. Deutsch von Birger Ollrogge. Berlin 1987, S. 18))

Heutzutage habe ich auf Reisen fast immer einen *MP3-Player,* einen *Discman* und einen kleinen, an diese beiden Geräte anschließbaren Lautsprecher dabei. Der *MP3-Player* speichert die große Sammlung, mit Hilfe des *Discman* höre ich einzelne, besonders gute oder auch neue, noch nicht gespeicherte Aufnahmen, während der Lautsprecher mir die Möglichkeit gibt, jeden Raum in einen kleinen Konzert-Raum zu verwandeln (Zug-Abteile sind – als Nachfahren von Innenräumen der alten Kutschen – geradezu ideal für ein solches Hören, man bewegt das Fahrzeug nicht selbst, es wird bewegt, die Konzentration kann sich darauf *verteilen*, Musik und Umgebung zusammenzuführen ...).

Unterwegs Mozart hören

Einige Komponisten haben mich mein Leben lang so intensiv beschäftigt, dass ich sogar mit ihrem Gesamtwerk vertraut bin. Robert Schumanns Werke habe ich zum Beispiel immer wieder gehört, Stück für Stück, und auch das Gesamtwerk von Beethoven und Brahms kenne ich recht gut.

Einmal habe ich mich zu einem kuriosen Experiment hinreißen lassen. Aus Anlass von Mozarts zweihundertfünfzigstem Geburtstag (im Januar 2006) habe ich mich all seinen Werken gewidmet und über meine Höreindrücke Tagebuch geführt (veröffentlicht in dem Buch »Das Glück der Musik. Vom Vergnügen, Mozart zu hören«). Ich habe im Januar 2005 mit meinem Selbstversuch begonnen und während eines ganzen Jahres Tag für Tag ein Mozartstück gehört.

Da ich viel unterwegs war, musste ich mir häufig Auszeiten für dieses konzentrierte Hören neh-

men. Das aber führte dazu, dass ich Mozart auch dort hörte, wo ihn sonst kein Mensch hört: mitten in fremden Umgebungen, eingebettet in den Alltag. Solche noch nie da gewesenen »Konzerte« begeisterten mich immer mehr und waren die Initiation für ein Musikhören, das bis heute nicht abgerissen hat. Längst bin ich nicht mehr mit einem Walkman, sondern mit einem Smartphone unterwegs und habe Tausende von Stücken zur Verfügung. Ich kann hören, wonach auch immer mir gerade der Sinn steht, und ich tue es oft, indem ich mir überlege, welches Stück den Raum, in dem ich mich gerade aufhalte, besonders gut »zum Klingen bringt«.

Drei Hörexperimente aus dem Jahr 2005 geben eine Vorstellung von diesen »Rauminstallationen«: 1) Mozart im ICE, 2) Mozart in einer venezianischen Gondel, 3) Mozart in der Wuppertaler Schwebebahn.

10. Mai 2005. Ich fahre heute von Stuttgart aus mehrere Stunden hinauf in den Norden, zum Glück wird der Zug in Stuttgart eingesetzt, so dass noch viele Abteile frei sind. Ich platziere mir gegenüber einen kleinen Lautsprecher, ich ziehe die

Vorhänge zu, dieses Abteil ist nun für die Dauer der Fahrt eine Opernbühne, auf der Mozarts Oper *Mitridate, Re di Ponto*, die Ende Dezember 1770 in Mailand uraufgeführt wurde, gespielt wird. Kurz nach dem Verlassen des Stuttgarter Bahnhofs höre ich die Ouvertüre, dann hebt sich der Vorhang, und ich befinde mich in Ninfea, einer Hafenstadt auf der Krim. Mitridates, der König von Pontus, ist angeblich gestorben, so dass seine beiden Söhne in die Stadt geeilt sind, um seine Nachfolge zu regeln. Beide lieben Aspasia, die Verlobte des Vaters, die sich ebenfalls zu einem von ihnen hingezogen fühlt. Ihre Unruhe und Unsicherheit ist das Thema der ersten großen Arie, die den jetzt vierzehnjährigen Mozart vom ersten Moment an als einen Inszenator der *großen Szene* ausweist. Mein Abteil erscheint viel zu klein für diese dramatischen Koloraturen, die sich wie Girlanden zur Decke ranken und den gesamten Raum füllen. *Mitridate, Re di Ponto*, ist Mozarts erste Opera seria, und sie kreist wie auch seine späteren großen Opern um einen mächtigen Herrscher, auf den die Geschichten der anderen Gestalten bezogen sind. Wenn ich hinausblicke, sehe ich die rasch vorbei fliegende Landschaft der Krim, dichte, graue Regenwolken liegen tief über dem Land, ab und zu wird die Abteiltür geöffnet und irgend jemand versucht einzudringen, schreckt jedoch vor dem dunklen, schweren Gesang sofort zurück und schließt wieder die Tür. Dies hier ist eine Opernbühne, nichts für Neugierige. Die beiden feindlichen Brüder ziehen mit ihren Soldaten auf, die Lage spitzt sich zu, doch kurz hinter Mannheim deutet ein Marsch die Wende an: Mitridates ist keineswegs tot; von den Römern besiegt, kehrt er mit seinen Truppen in den Hafen zurück, das Gerücht von seinem Tod hat er nur ausstreuen lassen, um die Treue seiner beiden Söhne auf die Probe zu stellen. Ein Zugbegleiter betritt das Abteil, um meine Fahrkarte zu kontrollieren, er betrachtet den Lautsprecher wie ein fremdes Insekt, fragt aber nicht einmal, wie Mitridates mit der ihm gerade gemeldeten Untreue des einen Sohnes zurechtkommt. Stattdessen will er wissen, ob ich ein Getränk wünsche, und als ich ihn frage, ob er in diesem Zug vielleicht Krimsekt auftreiben könne, nennt er die Marke eines Sekts aus dem Rheingau, der es, wie er behauptet, mit jedem Krimsekt aufnehmen könne. Da es von Mannheim aus auf Mainz und Bingen und damit auch auf den Rheingau zugeht, bestelle ich eine

Flasche des Rheingauer Sekts und lege nach dem ersten Akt eine Pause ein. *Mitridate, Re di Ponto*, passt genau zu diesen fahlen, kühlen Szenerien draußen, zu den vom Regen durchtränkten Feldern, zum Leuchten der Pfützen auf den schmalen Asphaltwegen längs den Gleisen, zum hellen Holz der hochgeschichteten Holzstapel in den noch schwarzen Wäldern, zu den kleinen Friedhöfen mit ihren weißgrauen, schmalen Trostbirken, zu den Qualmschwaden über den Schornsteinen in den Industriegeländen…, beinahe jede Arie hat etwas von einem dunklen psychischen Aufruhr und von einem Verletztsein, die Figuren bewegen sich in Grenzzuständen, die Handlung spitzt sich immer mehr zu, Mitridate will nicht erleben, dass die Römer seine Truppen und ihn besiegen, daher verwundet er sich selbst tödlich, erfährt kurz vor seinem Tod aber gerade noch rechtzeitig, dass die beiden Söhne die Angriffe der Römer zurückgeschlagen haben, so dass er ihnen vergibt. Kurz vor Köln, nach mehr als drei Stunden, ist die Aufführung beendet, und ich packe meine Sachen zusammen. Als ich die Vorhänge zur Seite ziehe und das Abteil verlasse, werfe ich noch einen letzten Blick zurück in den jetzt tiefdunklen Raum, wo ein einsamer Strahler etwas Licht auf den Klapptisch wirft, auf dem eine kleine Flasche so dunkelgrün-finster schimmert, als enthalte sie noch immer einige Tropfen eines beizenden Gifts ...

11./12. Juni 2005. Venedig. Stefano kenne ich seit vielen Jahren, er studiert in Venedig Philosophie und Romanische Sprachen und finanziert sein Studium als gelegentlicher Gondoliere. Stefano beginnt seine Fahrten nicht an immer anderen Plätzen und Orten, sondern nur an einer bestimmten kleinen Anlegestelle in *Dorsoduro*, er hütet sich, mit seiner Gondel den Canal grande zu befahren, und verlässt das Sestiere von *Dorsoduro* nicht. Wir fahren morgens, gegen elf Uhr, los, denn die Sonne steht nun hoch genug, um die Kanäle zwischen den Häuserfassaden mit jenem satten, weichen Licht zu füllen, das sich auf dem Wasser zu wiegen scheint. Immer wieder bin ich verblüfft, wie still eine solche Fahrt ist, nicht einmal das Eintauchen des Ruders ist noch zu hören, die Gondel bewegt sich wie ein selbstvergessenes Medium durch diese, den Blicken der meisten Fußgänger entzogenen Wasserstraßen, sie gleitet ruhig unter den Brücken hindurch und biegt in einen Seitenkanal ein, es ist, als brächte sie diese still stehenden und im Sonnenlicht lauernden Wasser zum langsamen Fließen und Strömen und bewege sich dann nur noch, ein- und ausatmend, mit. Ich habe Stefano erklärt, was ich vorhabe, nach etwa zehn Minuten Fahrt stülpe ich die Kopfhörer über, lehne mich etwas zurück in dem weichen und bequemen Sitz und beginne mit dem langsamen Satz des *Klavierkonzertes in G-Dur, KV 453* ..., mein Gott!, schon die ersten Streicherklänge sind eine Überwältigung, ja, beinahe ein Zuviel: dieser tiefe, gleichmäßig pochende Rhythmus verbindet sich sofort mit der Gondel, er fängt ihre gleitende Bewegung auf ..., und als die Bläser aus der Höhe hinzufinden, berühren Licht und Wasser einander ..., in deren Verbindung sich dann die Solostimme des Klaviers einfindet ... Sie spricht, schwebt und flüstert nun durch diese Kanäle, ich wage nicht, mich noch zu bewegen, diese Musik zieht die Fassaden zu beiden Seiten beinahe magnetisch an und macht sie zu ihrer Haut, auf der jede Wendung Spuren und Reaktionen zu hinterlassen scheint, ein dunkler, unerwarteter Durchblick, ein Schatten, die zitternden Linien des gebrochenen Lichts ..., dieses Klaviersolo entdeckt jede Nuance, es streift sie, berührt sie, löst sich von ihnen und scheint sie dadurch zu sammeln und aufzubewahren. Ich mache weiter mit dem langsamen Satz des *Klavierkonzerts in C-Dur, KV 467*, immer schon hatte ich gewusst, dass diese langsamen Sätze in Innenräumen nicht ihre ganze Wirkung entfalten, man muss sie draußen hören, im Freien, aber wo?, hatte ich mich früher gefragt, jetzt habe ich die idealen Räume für dieses Hören entdeckt, die nahen Häuserfassaden zu beiden Seiten erhalten die Illusion des intimen Raumes, der Kammer, während die Bewegung der Gondel durch diesen Raum seiner Erstarrung *begegnet*. Einerseits nimmt dann das *Dahingleiten* die gleichmäßigen, vibrierenden Rhythmen der langsamen Sätze auf, andererseits streuen die sich zu beiden Seiten sehr allmählich verändernden Fassaden ein *lockeres, spielerisches Beiwerk* dazu, diese beiden Impulse machen das ruhige, in sich ruhende Zwiegespräch von Solo-Instrument und Orchester aus.

Spät in der Nacht die zweite Fahrt, jetzt mit dem langsamen Satz des *Klavierkonzerts in B-Dur, KV 450*, dem vielleicht schönsten all dieser langsamen Sätze. Die Wirkung ist jetzt noch um einige

Grade stärker als am Vormittag, denn durch das Ausblenden der Tageslicht-Eindrücke konzentriert sich die Wahrnehmung noch mehr auf die Fortbewegung der Gondel und die Bewegungen der Musik. Der dunkle Wasserraum der Kanäle wird nur noch von wenigen Lichtfetzen erhellt, dafür atmen die Fassaden sich aus, so dass man jetzt auch die Düfte und Gerüche aus den Innenräumen der Häuser wahrnimmt, man durchquert sie aber nur, sie bleiben kurze, bloße Impressionen, während sich sonst der salzige Dunst des Meeres bemerkbar macht.

Das *Adagio* des *Klavierkonzerts in B-Dur* (*KV 450*) ist ein unfassbar schöner Satz: Die Streicher beginnen mit einer kurzen Phrase, die beinahe etwas Choralartig-Dankbares hat, sie wird vom Klavier mit einer leichten Veränderung wiederholt, später schwingen sich beide noch einmal zusammen in diese Phrase ein, das Orchester intoniert sie, während das Klavier sie umläuft und umspielt. Noch mehrmals geht es darum, die kurze Phrase zu brechen und zu wiederholen, es hört sich an, als habe auch Mozart davon einfach nicht genug bekommen können und als habe er es bei den einfachsten

Variationen bewenden lassen, um sie möglichst wenig zu zerstören und zu zersetzen.

Während meines pianistischen Studiums waren die langsamen Sätze der Klavierkonzerte *das Höchste*, es waren *Seelenwanderungen*, traumwandlerische Bewegungen, die etwas Absichtsloses, Jenseitiges hatten, sie berührten eine Tiefe, die es bis dahin in der Musik nicht gegeben hatte, diese Versenkung bewirkten sie mit den einfachsten Mitteln, mit dem Abschreiten einer halben Tonleiter, mit einigen wenigen Trillern, mit zwei, drei plötzlichen Quint-Sprüngen. In den langsamen Sätzen war Mozart ein *Minimalist*, der die Musik vollkommen auf ihre elementaren Momente reduzierte und nur noch diese Momente sprechen ließ. Keinerlei Virtuosität war hier gefordert, nur der lauschende, das alles mittragende Körper, ein *Körper ohne Willen*.

25. Juni 2005. Wuppertal (Violinkonzerte KV 211, 216, 218, 219). Mit einem Tagesticket kann man den ganzen Tag durch Wuppertal Schwebebahn fahren, von *Vohwinkel* bis *Oberbarmen* und wieder zurück, der längste Teil der Strecke verläuft direkt über der schmalen Wupper, nur in *Vohwinkel* überquert man Straßen und Plätze und fährt zwischen den nahen Häuserfassaden etwa auf Höhe des ersten Stocks so hindurch, dass man hier und da noch in die Wohnungen schauen kann. Unten, in der Eingangshalle des Bahnhofs *Döppersberg* am Wuppertaler Hauptbahnhof, habe ich mir ein solches Ticket gekauft, sehr zu meinem Erstaunen ist die niedrige, geduckte Halle mit Mozart beschallt, gespielt wird der erste Satz der *Symphonie in G-Moll, KV 550*, dieses Musikstück gehört nun gar nicht hierher und passt überhaupt nicht zu diesem verloren wirkenden Eingangsbereich, in dem sich kein Mensch lange aufhalten möchte. Ich gehe die breite Treppe hinauf und stehe dann oben auf dem luftigen Bahnsteig, die Bahnen treffen alle fünf Minuten hier ein, die meisten sind zweifarbig und strahlen eine Freundlichkeit aus, als handelte es sich nicht um ein Verkehrsmittel, sondern um ein großes Spielzeug für Kinder. Wenn die Wagen Halt machen, schwanken sie nach dem Abbremsen noch ein wenig, die Türen öffnen sich zischend, und die meisten Fahrgäste schauen auf den Boden, um keinen falschen Tritt zurück auf festen Boden zu machen. Ich steige ganz vorne ein und setze mich in die erste Reihe hinter dem Fahrer, hier hat man den besten Blick auf die Strecke, die Bahn zieht an und beschleunigt sehr langsam und rollt dann wie eine in Fahrt gebrachte Kegelbahnkugel gleichmäßig und mit nur leichter Beschleunigung dem nächsten Bahnhof zu, der Fahrer hat fast nichts zu tun, er starrt geradeaus, aber er bräuchte nicht einmal das zu tun, denn es kann auf dieser Strecke ja keine Hindernisse geben, niemand kann uns überholen, niemand die Strecke seitlich durchqueren, es geht auf die eindeutigste und klarste Weise geradeaus, als befinde man sich in einem Traumfilm, aus dem irgendwer alle unnötig störenden Momente herausgeschnitten hat. Um die Fahrt nicht ganz vergessen zu machen, legt sich die Bahn in jeder Kurve etwas auf die Seite und pendelt sich an jedem Bahnhof dann still aus, ansonsten hat die Betrachtung der Welt aus einer nicht allzu großen und noch menschenverträglichen Höhe etwas Erleichterndes, man schaut dem ganzen Betrieb da unten aus sicherem und wohltuendem Abstand zu, man ist ihm entzogen, man macht nicht mehr mit und hat frei, nimmt andererseits aber auch noch wie ein entfernter Verwandter an diesem familiär wirkenden Geschehen teil, denn es ist ja nicht so, als schwebe man mit einer Bergbahn hoch hinauf auf einen einsamen Gipfel, nein, dieses Schweben hier ist zwar ein *solistisches Schweben*, zugleich aber auch eines, das die Verbindung zur Tiefe nicht abreißen lässt.

Vom *Döppersberg* aus bin ich zunächst einmal ohne jede Musikbegleitung bis zur Endstation *Vohwinkel* gefahren, leider kann man dort nicht im Wagen sitzen bleiben, sondern muss aussteigen, die Treppen hinuntergehen und den Bahnsteig auf der anderen Seite wieder besteigen, um die Rückfahrt anzutreten. Beim Hinuntergehen noch auf der Treppe wusste ich plötzlich genau, was ich während der nächsten Fahrt hören wollte, die *Violinkonzerte*, die hohe Solo-Stimme der über den Orchester-Klängen schwebenden, sich ihnen bald vorsichtig nähernden und dann sich wieder von ihnen entfernenden Violine entsprach genau dieser Fahrbewegung und dem einzigartigen solistischen Blick, den man von oben aus hat.

1775 war das Jahr der Violinkonzerte, auf den frühsten Versuch und Vorläufer, das *Violinkonzert in B-Dur (KV 207)*, folgten, kurz hintereinander komponiert, vier weitere Konzerte (*KV 211,*

KV 216, 218, 219), die den Eindruck erwecken, als habe Mozart sich in den Sommer- und Herbst-Monaten dieses Jahres in einen Violinvirtuosen-Rausch schreiben wollen.

Die festliche Abfahrt in *Vohwinkel* mit dem *Violinkonzert in D-Dur (KV 211)*, ein kurzes Aussteigen am *Bahnhof Zoo*, um den langsamen Satz mit dem Erinnerungs-Blick auf das *Zoo-Stadion* zu hören, in dem ich als Kind so viele Leichtathletik-Stunden verbrachte, schließlich die Weiterfahrt mit dem springenden, tanzenden, bewegungstollen dritten Satz, einem Schwebe-Satz ohnegleichen.

Am Bahnhof *Döppersberg* eine Pause von einer halben Stunde, dann in die Bahn Richtung *Oberbarmen*, Richtung Schauspiel- und Opernhaus also, mit der Zündung des ersten Satzes von *KV 219*, einem noch verhalten lodernden Feuer in A-Dur, aus dem die stille Flamme der Solo-Stimme emporsteigt und in einem zweiten Anlauf ganz in die Höhe schießt.

An der Endstation *Oberbarmen* aussteigen und für einen Kaffee hinunter zum *Berliner Platz,* wo in einem Imbisswagen jetzt, am Mittag, *Holländische Pommes frites* oder *Dicke Bohnen mit Mettwurstscheiben* angeboten werden. Während ich den Kaffee trinke, hängt mir die Schlaufe des Kopfhörerkabels noch um den Nacken, diese Kabel wollen nicht von mir lassen, und ich will mich nicht von ihnen trennen, denn ich weiß genau, was für ein großer Moment nun auf der Rückfahrt zu erwarten ist: Der zweite Satz von *KV 216*, das Orchester gibt zu Beginn nicht mehr vor als eine *Stimmung*, es breitet den Teppich aus..., ab und zu noch einige Einwürfe, sonst aber nimmt die Violine das Terrain vollständig in Besitz, sie durchstreift es, misst es aus, unendlich verhalten und vorsichtig.

Wie hell und Menschen- und Ding-zugewandt wird doch dieses Fahren durch die Musik! Sie ist der dahin gleitende, schwirrende Bogen, der beide Ufer der Wupper miteinander verbindet, sie schnellt durch diese Kulissen und entflammt sie, die bunten, leicht schwankenden Wagen sind Mozarttrunken, in voller Lautstärke höre ich dieses Brausen und Dahinschnellen, diese *Feuer-Musik*, die etwas Züngelndes, Himmels-Süchtiges, in den Himmeln Eintauchendes hat (der erste Satz von

KV 219: ein einziges Sonnen-Glühen, die Soli als *Protuberanzen ...*).

Später, atemlos, in mich gekauert, auf einem der Bahnsteige sitzend: Vollkommen benommen, die Musik spielt jetzt in mir weiter, ohne dass ich sie noch durch die Kopfhörer hören müsste ...: *Das Violinjahr 1775 ...*, und der Gedanke, dass er sich mit diesen Konzerten aus dem Krisenjahr herausgetanzt, dass er sich von allen Lebens-Banalitäten abgewendet und *entfernt* hat ...

Das große Vorspielen

Mit den Jahren war der Klavierunterricht, den ich erhielt, immer professioneller geworden. Meister Forneberg ließ in dieser Hinsicht nicht locker, sondern versuchte, noch ein wenig an dieser Schraube zu drehen. Sein Vorschlag: ich solle ein Musikinternat besuchen, um noch intensiver üben und mir ein großes Repertoire aneignen zu können.

Über ein solches Repertoire verfügte ich damals noch nicht. Ich spielte zwar viele Stücke von Bach, Mozart, Beethoven oder Brahms, aber es waren meist Lieblingsstücke, denen ich mich mit einer besonderen Hingabe widmete. Dem gegenüber gab es Stücke, die ich zu üben begann, dann aber nicht weiterübte, weil mir irgendetwas an diesen Stücken nicht gefiel.

Erich Forneberg hielt das für »gefährlich« und kritisierte mich deshalb häufig. Er glaubte, dass ich aus Faulheit oder Bequemlichkeit bestimmten Stü-

cken bewusst auswich und mir ein schmales Repertoire zusammenstellte, mit dem ich öffentlich auftrumpfen konnte. Den großen Anforderungen der Klavierkunst aber ging ich angeblich aus dem Wege und erfand dafür die leicht durchschaubare Ausrede, dass sie mir nicht passten. Nach Fornebergs Meinung sollte ein junger Pianist, der die Feinheiten der bedeutenden Kompositionen noch nicht durchschaute, so nicht sprechen. Üben und nochmals üben sollte er, anstatt sich mit seinen Urteilen über die Qualität bestimmter Stücke wichtig zu tun. Ich hielt mich ihm gegenüber mit solchen Erklärungen deshalb zurück. Hätte ich ganz offen geredet, hätte ich wohl ausführlich von den Klavierstücken Robert Schumanns gesprochen.

Nach Mozart war Schumann für mich zum wichtigsten Komponisten geworden (und ist es bis heute geblieben). Schumann spielte ich nach meinem damaligen Eindruck so gut wie niemanden sonst, denn ich hing an seinen Stücken aus sehr intimen Motiven. Niemand außer mir wusste von diesen Details, nur Erich Forneberg traute ich zu, dass er manchmal etwas von diesen Hintergründen ahnte. Vielleicht ließ er mich gerade deshalb nicht so viel Schumann spielen, wie ich selbst spielen wollte.

Schließlich kam meine große Schumann-Begeisterung dann aber doch ans Licht. Ausgerechnet während meines ersten großen Vorspiels in den Räumen des Musikinternats brach sie hervor, und ausgerechnet dort war sie der stärkste Beweis dafür, dass ich für ein Leben in diesem Internat nicht geschaffen war.

Walter Fornemanns Plan für meine weitere Zukunft war eine Zeit lang in unserer Familie ein beinahe tägliches Gesprächsthema. Vor allem meinem Vater leuchteten Fornemanns Vorschläge ein, und da er nicht gern nur rein theoretisch über sie nachdachte, reisten wir zu dritt nach Süddeutschland und schauten uns dort das Musik-Internat an, das Fornemann für mich ausgesucht hatte und das er für eines der besten in Deutschland hielt.

Das Internat war in einem großen Klosterbezirk mit Klosterkirche, Klostergarten und barockem Klosterbau untergebracht und wurde in der Tat von Zisterzienser-Mönchen geleitet. Der zuständige Abt, der auch gleichzeitig der Direktor des Internats war, empfing uns kurz vor Mittag in seinen Privaträumen und hielt einen etwa halbstündigen, erstaunlich nüchternen Vortrag, in dem mehrfach davon die Rede war, dass an dieser Schule nur *die Besten der Besten* willkommen seien, dem einmal Aufgenommenen aber dafür auch alle Fürsorge und Aufmerksamkeit der Lehrenden gelte.

Meine Eltern waren nach diesem Vortrag eigenartig stumm, Mutter sagte beinahe gar nichts, sondern bat nur darum, sich den sonst unzugänglichen Kreuzgang einmal anschauen zu dürfen, und Vater informierte sich derart sachlich über die monatlichen Zahlungen, die Unterrichtspläne und die jährlichen Ferien, als wollte er nicht seinen einzigen Sohn in diesem Internat unterbringen, sondern Material für eine Dokumentation sammeln.

Ich selbst erlebte diese Stunden in einer starken Anspannung, ja ich war sehr nervös, zeigte diese Nervosität aber nicht, sondern ging still und wie abwesend hinter den Eltern her. Ein jüngerer Mönch führte uns in die Kirche und später auch in den Kreuzgang, man zeigte uns das Refektorium, die Bibliothek und die Schulräume, eigentlich machte alles einen beeindruckend soliden und weiträumigen Eindruck, und doch benahmen wir drei uns etwas seltsam, als wollten wir uns von dem, was wir sahen, auf keinen Fall allzu sehr mitreißen lassen.

Vater war es dann, der dem Abt kurz vor unserer Verabschiedung ganz unerwartet den Vorschlag machte, mich ein Stück vorspielen zu lassen, anscheinend wollte er dem Abt noch eine Andeutung darüber entlocken, ob meine Bewerbung überhaupt Chancen hatte. Der Abt lehnte diesen Vorschlag sofort ab, nein, darauf könne er nicht eingehen, solche Vorab-Prüfungen würden schon allein deshalb nicht durchgeführt, weil sonst mit einem wahren Ansturm von Eltern zu rechnen sei, die ihr Kind ebenfalls einmal testen lassen wollten.

Erst nach diesen ablehnenden Worten des Abts schaltete sich meine Mutter in das Gespräch ein, indem sie dem Abt erklärte, dass sie noch einige *persönliche und eher private Fragen* habe und darum bitte, diese Fragen kurz mit ihm allein besprechen zu dürfen. Weder Vater noch ich ahnten, was sie meinte, wir sagten zu ihren dunklen Sätzen aber weiter nichts, sondern warteten noch eine

Weile in dem Klosterhof des Kreuzgangs, bis Mutter ihre Unterredung mit dem Abt beendet hatte.

Als sie wieder mit ihm erschien, hatte er seine Einstellung zu uns merklich verändert, er wirkte interessierter, ja geradezu passioniert, und er erklärte zu unserem Erstaunen, dass er eine Ausnahme machen werde und ich vor dem Abschied noch ein von mir ausgewähltes Stück spielen dürfe.

Seine Worte erinnerten mich an unsere erste Begegnung mit Walter Fornemann, damals hatte Mutter es mit viel Geschick bereits einmal geschafft, dass ich jemandem, der dies eigentlich gar nicht wollte, vorspielen durfte. Was aber hatte sie jetzt dem Abt erzählt? Mit Ausführungen über die besonderen Schönheiten der französischen Musik konnte sie ihn doch nicht überzeugt haben! Was also war es gewesen?

Ich habe in meinem Leben immer wieder erlebt, dass Mutter andere Menschen auch in nur sehr kurzen Gesprächen von etwas überzeugen konnte. Ihre starke Wirkung war zum einen sicher eine Folge jenes ruhigen und melodiösen Tons, von dem ich schon erzählt habe. Jeder, der diesen Ton hörte, wurde zum Zuhören gezwungen, aber er tat es gern, als folgte er einer Verlockung.

Daneben bestand Mutters Wirkung wohl aber auch darin, dass sie in ein Gespräch immer wieder sehr grundsätzliche Sätze einstreute, die einen aufhorchen, nachdenken und innehalten ließen. Sie benutzte nie zu viele solcher Sätze, es waren höchstens zwei oder drei, doch der Zuhörer gewann oft den Eindruck, dass er gefordert oder gefragt sei.

Mutters stärkste Waffe aber waren kurze Mitteilungen über ihre Vergangenheit, die sie jedoch nur als Andeutungen in ein Gespräch einbrachte. Solchen Andeutungen konnte man sich nicht entziehen, sie hinterließen Rat- und Hilflosigkeit, und sie führten fast immer dazu, dass der Gesprächspartner ihr auf irgendeine Weise beistehen und helfen wollte.

Ich vermute, dass sie gegenüber dem Abt zu allen drei Hilfsmitteln gegriffen hat. Statt Kloster und Internat wie eigentlich vorgesehen nun zu verlassen, begleiteten wir ihn jedenfalls noch einmal zurück in die langen Fluchten der auffallend stillen Gebäude. Wo befanden sich eigentlich die dreihundert Schüler, die aus allen Gegenden Deutschlands hierher gekommen waren, um einmal gute Musiker zu werden? Nichts war von ihnen zu hören oder zu sehen, draußen, auf dem weiten Hof vor dem großen Klostergebäude, schritt nur manchmal ein Mönch oder ein schwarz gekleideter Geistlicher über den knirschenden Kies und verschwand in irgendeiner Pforte.

Als wir den Musiksaal des Internatsgebäudes erreicht hatten und der Abt noch dabei war, die Tür aufzuschließen, hörte ich meine Mutter flüstern: *Kein Bach! Kein Mozart! Kein Beethoven!* Ich erschrak einen Moment, weil ich dieses Diktat überhaupt nicht verstand. Warum denn keine Stücke dieser Komponisten? Und welche denn sonst?

Ich betrat den Musiksaal als Letzter, ich war etwas durcheinander, als Mutter mich zurückhielt und erneut flüsterte: *Spiel die große C-Dur-Fantasie! Spiel den Anfang der großen C-Dur-Fantasie!* Ich wusste jetzt zwar sofort, was sie meinte, begriff jedoch immer noch nicht, warum ich im Musiksaal dieses Internats ausgerechnet Robert Schumanns große *Fantasie in C-Dur* spielen sollte. Mutter selbst hatte mich das Stück nämlich noch nie spielen hören, und Vater hatte ich im Verdacht, dieses Stück überhaupt nicht zu kennen. Warum also gerade dieses Stück?

Erst später an diesem Tag, als wir bereits wieder im Zug saßen und zurück nach Köln fuhren, wurde das Rätsel gelöst, denn auf mein Nachfragen hin erklärte mir meine Mutter, dass Walter Fornemann vor wenigen Wochen behauptet habe, lange Zeit habe er keinen Schüler die große *C-Dur-Fantasie* von Robert Schumann so gut spielen hören wie mich.

Dass Walter Fornemann so etwas *in vollem Ernst* behauptet hatte, galt als *ein starkes Stück*, denn Walter Fornemann war niemand, der sein Lob besonders freigebig verteilte. Mir zum Beispiel hatte er davon kein Wort gesagt, und ich hatte auch nicht den Eindruck, dass ich ausgerechnet diese Komposition bereits so gut beherrschte, dass der Zeitpunkt für ein öffentliches Vorspiel gekommen wäre.

Was ich dagegen wusste, war, dass ich dieses Stück anders spielte als andere Stücke, ja dass es im Grunde sogar kein einziges Klavierstück gab, das ich so spielte wie dieses. Diese Besonderheit hatte damit zu tun, dass die *C-Dur-Fantasie* meine inneren Bilder und damit auch meine Gefühle besonders stark ansprach und dass ich die Bilder, die ich mit diesen Klängen verband, mit unserer *Familienphantasie* und damit mit unserem Domizil auf der ländlichen Höhe in Zusammenhang brachte.

Der stürmische, leidenschaftliche Beginn! Die Schläge der rechten Hand zu den rollenden Wirbeln der Linken!…– und schon stand ich allein auf der Höhe des Hügels und schaute in die weite Umgebung, an deren Horizont blasse Wolken entlangzogen…

Vielleicht war es dieser geheime Zauber gewesen, der mein Vorspiel so besonders hatte erscheinen lassen, jedenfalls hatte der Abt mich schon bald unterbrochen und meinen Eltern im Flüsterton mitgeteilt, dass er sich eine Ablehnung durch die Aufnahme-Kommission der Lehrenden in meinem Fall nicht vorstellen könne.

Während unserer Rückfahrt im Zug sorgte diese Reaktion aber keineswegs für ungetrübte Freude, vielmehr spürten wir die Schwere der Entscheidung und waren uns noch bei der Ankunft in der Nacht unsicher, wie wir handeln sollten.

Später habe ich die geheimen Signale dieses für mein Leben wichtigen Tages immer als ein schlechtes Omen verstanden. Dass ich mit der *C-Dur-Fantasie* Schumanns einen so starken Eindruck hinterlassen hatte, hatte uns alle etwas betört, gleichzeitig aber auch verhindert, dass wir dem eigentlichen Hintergrund dieses kleinen Erfolges auf den Grund gegangen waren.

Die *C-Dur-Fantasie* war in meinen Augen nämlich damals eine große Erzählung, die nicht mit anderen Musikstücken und Erzählungen zu vergleichen war, sondern ausschließlich mit meinem eigenen Leben zu tun hatte. Ich kannte keine andere Komposition, die solche Verbindungen herstellte, wie ich überhaupt keinen anderen Komponisten neben Robert Schumann kannte, der meine eigenen Bilder und Erlebnisse mit seiner Musik derart berührte und traf. Seit ich begonnen hatte, Schumann zu spielen, war mir vom ersten Moment an klar gewesen, dass er mein Lieblingskomponist war, und nach einer Weile war meine Anhänglichkeit sogar so weit gegangen, dass ich ernsthaft glaubte, ihm ähnlich zu sehen.

Seltsam war nur, dass ich bisher niemandem von dieser besonderen Zuneigung erzählt hatte.

Fornemann hatte ich nichts gesagt, weil er auch Schumann bereits einmal in seine Lästereien mit einbezogen hatte, und meiner Mutter hatte ich meine Schumann-Sympathien verschwiegen, weil die Zuneigung noch zu frisch war und ich noch nicht die richtigen Worte dafür fand.

Ausgerechnet diese Zurückhaltung war nun aber der Grund dafür gewesen, dass meine Eltern und wohl auch der Abt mein Vorspiel falsch eingeschätzt hatten. Sie hatten nicht ahnen oder gar wissen können, dass ich während dieses Vorspiels mit nichts anderem beschäftigt war als mit meinen Geschichten sowie den suggestiven Bildern der Vergangenheit, und dass hinter diesen geheimen Verbindungen nichts anderes steckte als die tiefe Sehnsucht, weiter mit den Eltern zusammen sein und leben zu dürfen.

Gerade weil Schumanns Kompositionen diese Sehnsucht beinahe ununterbrochen ansprachen, liebte ich sie also, es war jedes Mal, als entrückten sie mich in lauter Kinderszenen und erzählten von meinen einsamen Stunden in der Kölner Wohnung, von den Stunden allein mit der Mutter, von der Ankunft des Vaters am Nachmittag, vom stillen Spielen am Rhein, aber auch von der morgendlichen Begeisterung auf dem Land, von den Spaziergängen zwischen mannshohen Maisstauden und Kornähren und von der Begleitung durch den Vater auf Wegen, die nur uns gehörten.

Das alles aber konnten meine Eltern und der Abt damals nicht ahnen. Sie hörten ausschließlich brillant gespielte Musik, während ich selbst aus diesem Spiel vor allem meine Sehnsucht nach den Orten meiner Kindheit heraushörte. Dieser starken Sehnsucht hätte ich vertrauen und von ihr hätte ich unbedingt sprechen müssen, doch genau das tat ich nicht. Ich blieb still und wartete darauf, wie meine Eltern sich entscheiden würden, während meine Eltern von meinem ersten Schumann-Auftritt derart überrascht und wohl auch verführt waren, dass sie diesen Auftritt der neuen Umgebung und der angeblich besonderen *Aura* des Klostergeländes zuschrieben.

Niemals habe ich den Jungen zuvor so gut spielen hören, soll mein Vater nach diesem Auftritt heimlich zu meiner Mutter gesagt haben, und meine Mutter soll sich beim späteren Durchqueren des Hofes vor dem Kloster bekreuzigt haben, als hätte der gute Geist des Ortes dazu beigetragen, dass ich so glänzend gespielt hatte.

Heute frage ich mich, ob damals wirklich niemand, selbst nicht der Abt, bemerkte, dass mein Schumann-Spiel überhaupt nicht in dieses Kloster und sein Internat passte. Man hätte es hören und sehen müssen, ja man hätte von der ersten Sekunde meines Spiels an begreifen müssen, dass man einen Jungen, der derart Schumann spielte, nicht Hunderte von Kilometern von seinem bisherigen Zuhause entfernt in ein Internat stecken konnte, in dem Schumanns *C-Dur-Fantasie* ein beliebiges Stück unter anderen Übungsstücken war.

An jenem denkwürdigen Tag aber spürte und empfand das alles wohl keiner. Wir verließen das Internat zu dritt mit der Gewissheit, dass man mich aufnehmen würde, und seit diesem Zeitpunkt arbeitete diese Idee noch heftiger und aufdringlicher als zuvor in unseren Köpfen…

Konzertieren

Im Klavierunterricht Erich Fornebergs bin ich an ein regelmäßiges Vorspielen vor Zuhörern gewöhnt worden. Alle paar Wochen versammelte er seine Schüler, und jeder musste eine Komposition von nicht länger als etwa fünf Minuten Dauer vortragen. Ein solches Vorspiel wurde vorher geprobt, indem Forneberg am Ende einer Unterrichtsstunde in einigem Abstand vom Flügel Platz nahm, das rechte Bein über das linke schlug, sich auffällig räusperte, in die Hände klatschte und einem zuraunte, nun mit dem Vorspiel zu beginnen.

Damals habe ich nicht verstanden, warum solche Proben sein mussten. Als ich ihn einmal fragte, antwortete er, dass seine Schüler dadurch auf die »Konzertsituation« vorbereitet würden. »Konzertsituation«? Was meinte er damit? Ich kannte keine »Konzertsituation«, denn für mein Empfinden unterschied sich das Spielen vor Zuhörern in nichts vom

Allein-Spielen und Üben. Man konzentrierte sich einen Moment, kam zur Ruhe und legte los. Ob fünf, fünfzig oder fünfhundert Zuhörer meinen Vortrag verfolgten, machte für mich keinen Unterschied.

Am Flügel oder Klavier zu sitzen, empfand ich im Grunde jedes Mal als eine »Konzertsituation«, mit oder auch ohne Zuhörer. Es kam darauf an, so gut und innerlich beteiligt wie möglich zu spielen. Das gelang nicht jederzeit, aber häufig – und das Gelingen war völlig unabhängig davon, wie viele fremde Augen mich dabei beobachteten.

Die fremden Augen empfand ich nur vor und nach dem Spiel als unangenehm. Wenn sie mich verfolgten und an mir haften blieben, während ich die Bühne betrat. Oder wenn sie auf mir ruhten, wenn ich nach dem Spiel die Bühne verließ – dann hatten sie etwas Aufdringliches, das mit der Musik, die ich gespielt hatte, nicht das Geringste zu tun hatte.

Vor dem Spiel bin ich daher in aller Eile auf die Bühne gestürzt – und nach dem Spiel habe ich, so schnell es eben ging, die Flucht angetreten. Auch habe ich es nie gemocht, wenn man mich hinterher noch zu einer kleinen Feier einlud. Was gab es denn zu feiern? Hatte etwa jemand Geburtstag? Gab es sonst einen besonderen Anlass? Man konnte doch unmöglich feiern, dass ich gerade zwei Präludien von Bach oder eine Etüde von Chopin vorgetragen hatte, nein, das konnte kein ernst gemeinter Anlass für eine Feier oder ein Fest sein.

Anders war es allerdings, wenn ich an einem Wettbewerb teilgenommen und einen Preis gewonnen hatte. Auch auf solche Mitwirkungen legte Erich Forneberg großen Wert. Bestimmte Stücke wurden wieder und wieder vorgenommen, um ihr Spiel auf «Wettbewerbsniveau» zu bringen. War ich erfolgreich gewesen, konnte ich der Teilnahme an einer Feier danach nicht entkommen. Lustlos und stocksteif saß ich dann oft zwischen vielen Erwachsenen, die sich über Gott weiß was, fast nie aber über Musik unterhielten.

In der Kindheit und Jugend habe ich viele Konzerte auf dem Klavier oder auf einem Flügel gegeben. Ich kann mich nicht entsinnen, jemals vor einem solchen Konzert aufgeregt gewesen zu sein. Der schönste Moment war der, in dem ich die weite und offene Bühne betrat, das Instrument fest in den Blick nahm, rasch auf es zuging, mich verbeugte und dann sofort (ohne eine einzige Person im Publikum angeschaut zu haben) mit dem Spiel begann.

Viele meiner Lehrer sprachen davon, ich solle »gut zuhören, genau hinhören, mich selbst exakt kontrollieren«. Das habe ich jedoch nie getan, ich wusste nicht einmal, wie das ging. Ich hörte nicht hin, sondern weg, ich ließ meine Finger spielen und hörte so zu, als spielte da ein ganz anderer. Die Musik kam aus einer gewissen Ferne und berührte mich sehr, ich hatte aber nicht den Eindruck, dass ich selbst der Urheber dieser berührenden Klänge sei.

Ich war irgendwo in dem großen Konzertsaal vorhanden, natürlich, aber wo genau war ich? Am ehesten konnte man mein Dasein noch mit dem eines Mediums vergleichen, das körperlos Musik machte und nur als eine Art Schatten oder Geist existierte.

Ich schwitzte nicht (wie viele andere junge Pianisten, die ich kannte), und ich bemerkte das Publikum kaum. So störte es mich auch nicht im Geringsten, wenn jemand hustete, nieste oder einen sonstigen Lärm machte. Die Geräusche erreichten mich nicht, sie prallten an mir ab, es war, als trüge ich eine Schutzhaut, unter die ich mich zurückzog, um dem jeweiligen Stück seinen ungestörten Lauf zu lassen.

Das Spielen verlief daher in einer Art Trance. Im Grunde war ich mit mir und dem Instrument vollkommen allein. Ich saß wie in einer geschlossenen Glocke, die sich erst hob, als der Applaus begann. Ich stand auf, verbeugte mich und eilte hinaus. Gar nicht selten passierte es genau in diesen Momenten, dass ich erwachte und aus dem Tritt geriet. Ich ging immer schneller, ich stürzte hinaus, ab und zu stolperte ich, einmal wäre ich fast ausgerutscht.

Sehr ungern kam ich danach »wieder zum Vorschein«. Ich hielt Abstand zum Instrument und blieb vorn an der Rampe der Bühne stehen, nahe dem Ausgang zur Künstlergarderobe. Meine Verbeugungen müssen etwas lächerlich gewesen sein, hektisch, übereifrig, als wären sie mir lästig. Bloß keine Zugaben! Bloß nicht noch einmal den ganzen Bühnenweg zurücklegen!

Zugaben sind etwas sehr Riskantes. Die ursprüngliche Konzentration ist verflogen, man hat das Konzert hinter sich und soll doch noch einmal auftrumpfen. Nicht zu lange, höchstens fünf Minuten – und am besten mehrmals (weil eine einzige Zugabe jedes Publikum enttäuscht). Es will mehr und noch mehr, es will überschüttet werden mit hübschen Einfällen und skurrilen Klangexzessen, die es noch nie zu hören bekam. Wie banal wäre es da, mit etwas Bekanntem (Schumanns *Träumerei*, einer *Etüde* von Chopin, einem *Walzer* von Liszt) aufzuwarten!

Zugaben sollten rätselhaft sein und so, als hätte sie ein unbekannter Meister komponiert. Siebzehntes Jahrhundert oder zwanzigstes? Frankreich oder doch eher Arabien? Etwa ein Franzose aus dem Jemen? Solche Fragen sollten Zugaben auslösen, unbeantwortbare, verwirrende, über die sich dann lange sprechen lässt.

Ich war froh, wenn ich sie hinter mir hatte. Denn während der Zugaben war ich keineswegs mehr so gelassen wie im Konzert davor. Ich hatte das unangenehme Empfinden, plötzlich in einen Zirkus geraten zu sein, in dem man kein Klavierspiel, sondern Kunststücke von mir verlangte. Stücke nur mit der linken Hand! Stücke, bei denen beide Hände laufend überkreuz spielten und sich in den Weg kamen! Ich hörte zwar noch immer nicht zu, aber auch nicht mehr weg, ich sah vielmehr meine Finger eilen, fliegen und sich Abgründe hinunterstürzen. Als endlich alles vorbei war und ich allein in der Garderobe saß, blickte ich in den kleinen Spiegel über dem Garderobentisch: ich hatte die Lippen gespitzt, ich pfiff leise durch den Mund, ich atmete schnell, ich hatte mich gerade noch retten können.

Erst sehr spät hörte ich mit diesem »Zugabentheater«, wie einer meiner Lehrer das nannte, auf. Ich überlegte mir ein raffiniert abgestimmtes Programm, eine Folge von wenigen Stücken, klug aufeinander bezogen. Am besten waren vier Kompositionen von zwei Komponisten, aus ganz verschiedenen Zeitaltern. Ich lernte, sie vollkommen gelassen, extrem leise und meist auch noch sehr langsam zu spielen. (»Man erkennt sie nicht wieder«, sagte mein Lehrer, »es ist, als spieltest Du sie in Zeitlupe. Eigentlich sollte man so etwas nicht tun.«) Eigentlich nicht, aber ich tat es. Denn zum ersten Mal an einem Konzertabend konnte ich mir wirklich zuhören. Als sänge ich sie mir vor, als summte ich sie so dahin. Und das genau war es (wie ich erst allmählich erkannte): Zugaben waren Stücke zum Mitsingen und Mitsummen, mit deren Hilfe man das Publikum in einen sich fortsetzenden Traum verabschiedete. Traumarbeit! Wiegenlieder!

Kleines Vorspiel 1

Seit den Kindertagen ist es vorgekommen, dass ich unterwegs (in der näheren Umgebung unserer Wohnung oder auch auf Reisen) einem Klavier oder Flügel begegnet bin. Fast immer schaue ich mir das jeweilige Instrument an, klappe den Deckel auf, erkenne die Marke und mache mir eine Vorstellung davon, wie das Instrument klingt. Meist schlage ich im Stehen ein paar Töne an, dann weiß ich Bescheid. Sich an das Instrument zu setzen und ein bestimmtes Stück anzuspielen, ist dagegen gefährlich. Sofort nähern sich Zuhörer und fordern einen auf, das ganze Stück »zum Besten zu geben«.

Als Kind habe ich das noch ausgesprochen gerne getan. Viel lieber als in einem Konzertraum oder gar einem großen Saal habe ich irgendwo unterwegs etwas vorgespielt, ohne jede Ankündigung, aus dem Stegreif, wenn es sich denn gerade ergab. Die Zuhörer erwarteten dann nie etwas Konzert-

*reifes und waren umso verblüffter, wenn dieses Vor-
spiel durchaus etwas davon hatte. Solche Momente
waren keine »Konzertsituationen«, sondern kleine
Auftritte, bei denen auch mal etwas danebengehen
konnte. Niemand nahm einem das übel oder kritisierte gar laut – alle hatten vielmehr ihre Freude an
einem so unerwarteten Ereignis.*

*Von einem solchen Moment habe ich in meinem
Buch »Die Moselreise« erzählt. Es ist ein Reisejournal, das ich als elf-, zwölfjähriger Bub geschrieben
habe. Darin habe ich von einer Wanderung von
Koblenz nach Trier entlang der Mosel berichtet, die
mein Vater und ich im Sommer 1963 unternommen
haben. Am 29. Juli 1963 kam es in Ellenz zu einem
kleinen Vorspiel der unangestrengten Art.*

Am nächsten Morgen wurde ich besonders früh
wach, weil die Sonne schon sehr früh in unser
Zimmer schien und alles so hell war, dass ich die
Augen gar nicht mehr geschlossen halten konnte.
Ich habe dann im Bett etwas gelesen und darauf
gewartet, dass Papa wach wurde. Auch Papa wurde
viel früher wach als sonst, und dann haben wir ge-
duscht und schon mal etwas gepackt. Als wir aber

hinüber in das Haupthaus des »Weinhaus Fuhrmann« gehen wollten, um dort zu frühstücken,
kamen wir an einem kleinen Saal vorbei, und als
ich in den kleinen Saal hineinschaute, stand dort
ein langer Tisch mit sehr vielen Stühlen. An einer
Wand des Saales aber stand auch ein schwarzes
Klavier, ein richtiges, ordentliches Klavier. Ich
habe Papa gefragt, ob ich das Klavier öffnen dürfe,
und Papa hat »ja« gesagt, »ja«, ich dürfe nachse-
hen, ob man das Klavier öffnen könne, ich dürfe
aber jetzt noch nicht auf dem Klavier spielen, weil
es dazu noch zu früh sei. Ich ging zu dem Klavier
und versuchte, es zu öffnen, und es ließ sich ganz
leicht öffnen, schade war nur, dass die Tasten nicht
mehr ganz weiß waren, sondern bräunlich.

Drüben im Haupthaus des »Weinhaus Fuhrmann«
haben wir dann gefrühstückt. Ich hatte aber keinen
richtigen Hunger, und ich wollte eigentlich auch
gar nicht lange frühstücken. Statt lange zu frühstücken, wollte ich lieber auf dem Klavier spielen.
Papa fragte die Frau, die uns bediente, ob ich später auf dem Klavier spielen dürfe, da schaute mich
die Frau an und fragte mich: »Ah, Du kannst Klavier spielen?« Ich sagte ihr, dass ich Klavier spielen

könne, weil ich schon seit sieben Jahren Klavierunterricht habe, und dass ich in den sieben Jahren viele Stücke gelernt habe. »Und was spielst Du
so?«, fragte die Frau. Da sagte ich der Frau, dass
ich Stücke von Mozart, von Bach und von Beethoven, von Schumann und von Scarlatti und noch
von vielen anderen Komponisten spielen würde.
Da war die Frau sehr erstaunt und sagte »Donner-
wetter!«, und dann sagte sie noch, dass sie nicht
alle Komponisten kenne, die ich genannt habe,
und dass es für einen Jungen in meinem Alter
allerhand sei, all diese Komponisten zu kennen.
»Das ist wirklich allerhand«, sagte sie, und dann
sagte sie noch einmal »allerhand«. Ich wusste nicht
genau, was sie mit dem »allerhand, allerhand«
meinte, aber ich fragte nicht nach, um den guten
Eindruck, den ich gemacht hatte, nicht zu zerstören. Ich schwieg also einfach, und so war es einen
Augenblick still. Weil es aber so still war, sagte
dann Papa etwas, ihm fiel aber wohl ganz und gar
nichts Neues ein, denn er wiederholte nur, was die
Frau gesagt hatte und sagte: »Ja, für einen Jungen
in seinem Alter ist das wirklich allerhand.«

Es war ein bisschen peinlich, dass niemandem mehr etwas einfiel, deshalb bin ich einfach aufgestanden und habe gesagt, dass ich jetzt hinüber, ins Nebenhaus, gehen würde, um dort etwas Klavier zu spielen. Die Frau hat gesagt »ja, tu das!«, und Papa hat auch gesagt »ja, dann mal los!«, und dann hat er sich die Zeitung geholt und sich an ein Fenster gesetzt und begonnen, die Zeitung zu lesen. Ich aber bin rasch ins Nebenhaus gegangen und habe den Deckel des schwarzen Klaviers geöffnet, und dann habe ich Klavier gespielt.

Klavier spielen

Klavier spielen und schwimmen – beides mache ich unglaublich gerne. Wenn ich wie jetzt einige Tage nicht Klavier gespielt habe, juckt es mich manchmal richtig. Es juckt in den Fingern und in den Armen, und wenn es juckt, bewege ich rasch die Finger, als würde ich gerade Klavier spielen. Das Jucken geht dann sofort wieder weg, und es kommt mir so vor, als würde ich wirklich Klavier spielen. Manchmal höre ich sogar richtige Töne und Klänge, dann brauche ich bloß noch die Augen zu schließen. Wenn ich die Augen geschlossen habe, sehe ich nämlich auch noch die Noten, und dann ist alles fast so wie beim wirklichen Spielen.

Da ich einige Tage nicht Klavier gespielt hatte, habe ich das Spielen mit einem einfachen Stück begonnen. Ich habe eine Sonate von Scarlatti gespielt und danach habe ich die F-Dur-Sonate von Mozart gespielt und danach habe ich einige Stücke aus den »Kinderszenen« von Schumann gespielt und danach habe ich mit den Präludien und Fugen aus dem »Wohltemperierten Klavier« von Bach begonnen, von denen ich sonst jeden Tag einige spiele. Ich habe die Präludien und Fugen in C-Dur, C-moll, D-Dur und D-moll gespielt, da aber ist Papa in den kleinen Saal gekommen. Er hat noch gewartet, bis ich mit der Fuge in D-moll zu Ende gekommen war, dann aber hat er gesagt, dass ich einmal nach draußen, auf die Terrasse, kommen solle. Draußen, auf der Terrasse, warteten einige Leute auf mich, und als ich auf die Terrasse kam, sah ich, dass die Frau, die uns beim Frühstück bedient hatte, unter diesen Leuten war. Neben dieser Frau stand aber auch noch eine ältere Frau, diese ältere Frau war die Mutter der Frau, die uns beim Frühstück bedient hatte. Und neben diesen beiden Frauen standen noch einige andere Leute, die anscheinend wie wir im »Weinhaus Fuhrmann« übernachtet hatten.

All diese Leute warteten auf der Terrasse nur auf mich, und als ich zu ihnen kam, klatschten sie alle, und die ältere Frau nahm mich in ihre Arme und gab mir einen Kuss auf die rechte Backe. Dann aber sagte sie, dass sie ein so schönes Klavierspiel noch nie in ihrem Leben gehört habe, und die Frau, die uns beim Frühstück bedient hatte, sagte das auch. Die anderen Leute aber fragten mich, wie lange ich schon Klavier spiele und wieso ich so gut Klavier spielen könne und ob ich bereits Konzerte gebe. Ich habe alle Fragen beantwortet, dadurch aber wurde es später und später, und Papa schaute dann auf die Uhr und sagte, dass wir jetzt bereits sehr spät dran seien und nun wohl oder übel weiter ziehen müssten. Die Leute sagten, dass ich noch ein Stück zum Abschluss spielen solle, und die ältere Frau hat sich gewünscht, dass ich die »Träumerei« spiele. Ich habe dann noch die »Träumerei« gespielt, und die Leute sind mit in den kleinen Saal gekommen und haben zugeschaut, wie ich die »Träumerei« spielte. Danach haben sie wieder geklatscht und »wunderschön, einfach wunderschön« gesagt. Papa und ich sind dann aber rasch in unser Zimmer gegangen, und dann haben wir noch rascher alles gepackt und schließlich das

Zimmer bezahlt. Ich habe für mein Klavierspiel noch eine Tüte Erfrischungsbonbons bekommen, und dann sind Papa und ich losgezogen, immer an der Mosel entlang, in Richtung Ediger.

Die »Träumerei«

Wenn ich eine Zugabe geben soll, wünschen sich viele Menschen die »Träumerei«. Ich weiß auch, dass sie sich die »Träumerei« sehr langsam gespielt wünschen. Wenn ich die »Träumerei« zu Hause spiele, spiele ich sie viel schneller, und neulich habe ich sie sogar einmal ganz schnell gespielt. Mama ist dann ins Zimmer gekommen und hat mich gefragt, warum ich die »Träumerei« so schnell spiele. Da habe ich gesagt, dass das Träumen doch eigentlich schnell sei und nicht langsam. Manchmal ist das Träumen sogar richtig schnell, also sehr schnell. Mama aber hat gesagt, dass Robert Schumann, also der Komponist der »Träumerei«, das langsame Träumen, das Träumen am Tag mit offenen Augen gemeint habe. Da habe ich die »Träumerei« einmal ganz ganz langsam gespielt. Es klang aber nicht so gut wie das schnelle Spielen, nein, es klang wirklich gar nicht so gut.

Kleines Vorspiel 2

Im Frühjahr 1964 war ich mit meinem Vater erneut unterwegs, diesmal in Berlin. Reinhold, ein früherer Arbeitskollege und Freund meines Vaters, wohnte dort und begleitete uns durch die große Stadt, in der meine Eltern während des Zweiten Weltkriegs gelebt hatten.

Am 7. Mai 1964 hielten wir uns im Berliner Tiergarten auf, um dort zusammen eine Maibowle zu trinken. Von dort ging es weiter zur Kongresshalle, wo wir nach einigem Hin und Her in der Kaffeebar landeten. Dort entdeckte ich ganz durch Zufall einen Flügel.

Von diesem kleinen Vorspiel habe ich in »Die Berlinreise« erzählt. Wieder handelt es sich um ein Reisejournal, das ich damals (1964) geschrieben und meinem Vater zu Weihnachten geschenkt habe. In Buchform ist es erst viel später erschienen.

Ich ahnte sofort, dass jetzt die Stunde der Berliner Maibowle gekommen war, und wahrhaftig fragte Reinhold die Kellnerin, ob es eine gute Maibowle gebe. Ja, es gab Maibowle, und Reinhold fragte nicht weiter, sondern bestellt drei Maibowlen. Eine junge Frau brachte uns die Bowle dann in merkwürdig ausgebeulten Gläsern, sie waren größer als die üblichen Wassergläser, und die Bowle schimmerte blassgrün wie das Gras im Tiergarten. »Auf Berlin und seine schönen Bauten!« sagte Reinhold, und dann mussten wir unsere Gläser heben und feierlich gucken, und dann nippte ich zum ersten Mal an der grünen Maibowle, und sie schmeckte sehr süß und klebrig und roch stark nach Alkohol. Reinhold aber schaute mich an und schaute zu, wie ich nippte, und dann sagte er: »Na, so richtig gewöhnt hast Du Dich an Maibowlen aber noch nicht.«

Er holte dann auch wieder eine Zigarre hervor und bot auch Papa eine an (Papa mochte aber keine), und dann schaute Reinhold mich weiter an und wippte mit dem rechten Fuß auf und ab und sagte: »Was will der Junge denn mal werden, Josef? Hat er schon ein paar Ideen?« Ich fand es nicht richtig, dass er so etwas den Papa und nicht mich fragte (und ich fand eine solche Frage, die einem doch sonst nur wildfremde Menschen stellen, die sich gar nicht für einen interessieren, sehr dumm). Papa nahm die Frage aber ganz ernst, während ich erwartet hatte, dass er auf eine so dumme Frage hin auch nur Dummes oder Scherzhaftes antworten würde (»Der Junge will Punkthausarchitekt werden« oder »Der Junge will Weltmeister im Maibowlentrinken werden«). Papa aber sagte: »Der Junge will Pianist werden, weißt Du das nicht schon längst?« Reinhold nickte, anscheinend wusste er es also wirklich schon längst, doch er sagte dann: »Pianist ist aber doch kein Beruf. Das macht man so nebenher. Ich wollte wissen, was der Junge wirklich mal werden will. Ich meine im ordentlichen Leben.«

Als Reinhold das gesagt hatte, hätte ich ihm am liebsten meine ganze süße, klebrige Maibowle über den Kopf geschüttet. Wahrscheinlich war er komplett unmusikalisch, denn er hatte ja schon gezeigt, dass er Herbert von Karajan völlig falsch einschätzte und nicht wusste, was für ein großer Dirigent Herbert von Karajan war. Papa ahnte sofort, dass ich über diese Sätze sehr wütend war, denn er legte mir kurz die Hand auf das rechte Knie, als wollte er mich bitten, nichts zu sagen. Dann sagte er selbst: »Ich glaube, das siehst Du falsch, Reinhold. Du hast den Jungen noch nie spielen hören. Wenn du ihn einmal gehört hast, redest du anders.« Ich fand Papas Entgegnung sehr gut und richtig, jedoch zu vorsichtig und bedächtig, aber ich wollte keinen Streit, und so sagte ich nur: »Die Maibowle schmeckt mir nicht. Sie ist viel zu süß. Vielleicht mag Reinhold sie ja noch trinken und dazu eine zweite Zigarre rauchen. Ich schaue mich mal ein bisschen um.«

Ich wartete dann nicht weiter auf eine Antwort, sondern stand auf und lief einfach los. Schon bald sah ich, was für ein großes Gebiet der Tiergarten eigentlich war. Ich kam zu kleinen und auch größeren Teichen, und alles wurde, je mehr ich mich vom Hansaviertel entfernte, immer schöner. Auch begegnete ich hier und da Zeichnern und Malern, die eine Staffelei aufgestellt hatten und zeichneten oder malten. Außerdem gab es auch Musiker (wie zum Beispiel Akkordeon- und Saxophonspieler). Sie spielten meistens allein, und um sie herum saßen (oder lagen) oft einige Zuhörer. Das Tiergartengelände war also nichts anderes als ein großer, freier Garten und fast schon eine Landschaft (mit schönen Bäumen, Büschen und Blumen). Mitten hindurch verlief eine breite Straße, die ich schon kannte, sie verlief zur Siegessäule und weiter zum Brandenburger Tor. Ich überquerte sie und sah, dass der große Tiergarten auf der anderen Seite der Straße noch weiter ging, und ich lief dann schneller durch diesen Teil des Tiergartens, weil ich ja nicht mehr viel Zeit hatte.

Dann kam ich wieder zu Papa und Reinhold zurück, und Reinhold schaute mich etwas forschend und seltsam an, sagte aber nichts. Ich hätte wetten können, dass Papa und Reinhold länger über mich gesprochen hatten, aber ich konnte das natürlich nicht herausbekommen. Deutlich zu sehen war aber, dass jemand meine Maibowle getrunken hatte, und ich wusste sofort, dass es Reinhold gewesen war. Ich fragte, wann wir weitergehen würden, da sagte Papa: »Wir gehen jetzt gleich. Wir haben nur auf Dich gewartet.« Reinhold wollte vor dem Losgehen noch einmal auf die Toilette gehen, und das tat er dann auch. Da war ich mit

Papa einen Moment allein und schaute ihn an, und Papa lachte (etwas) und sagte: »Er ist ein herzensguter Mensch, glaube mir. Aber er ist es vor allem, wenn wir zu zweit sind, er und ich.« Ich sagte, dass ich gar nicht gut gefunden hätte, wie überheblich Reinhold von meinem Klavierspielen gesprochen hätte. Da sagte Papa: »Das war nicht überheblich, sondern Unsicherheit. Reinhold versteht nicht viel von Musik, ach was, Reinhold ist komplett unmusikalisch.« Da musste ich (etwas) lachen und sagte Papa, dass ich mir genau das schon gedacht hätte. »Und was er über Karajan gesagt hat, war auch richtiger Blödsinn«, sagte ich noch. Und Papa stand auf und bezahlte, was wir getrunken hatten, und sagte: »Natürlich war das Blödsinn. Maibowlenblödsinn.«

Papa und ich gingen dann schon ein paar Schritte, und ich fragte ihn, woraus Maibowle eigentlich bestehe. Da erfuhr ich, dass Maibowle aus Wein, Sekt und Waldmeister besteht. »Mir schmeckt das gar nicht«, sagte ich. »Mir auch nicht«, sagte Papa. »Aber warum hast Du es dann eben getrunken?«, fragte ich. »Weil es ein Teil von Reinholds Berlin-Programm ist«, sagte Papa. »Wir haben ein Berlin-Programm, und Reinhold hat auch eins. Jetzt haben wir mit ihm Maibowle getrunken, und später zeigen wir ihm etwas von unserem Berlin-Programm.« »Und das wäre?«, fragte ich. »Und das wäre Simsalabim«, sagte Papa.

Reinhold schloß dann zu uns auf, und wir gingen etwas an der Spree entlang. Reinhold sagte, wir kämen jetzt zu dem imponierendsten Bauwerk des modernen und neuen Bauens, nämlich zur Kongresshalle, die von den Berlinern nur »die schwangere Auster« genannt werde. Als wir vor der Kongresshalle standen, begriff ich, warum sie diesen Namen erhalten hatte. Sie bestand aus mehreren Schichten, und die unteren Schichten waren wieder ganz aus Beton und sahen wie lang gestreckte, rechteckige Betonfelder oder Betonriegel aus, übereinander gestapelt. Von einem Betonriegel zum nächsten kam man über Treppen, und ganz oben, auf dem obersten Betonriegel befand sich ein halbrundes, gekrümmtes Dach (wie ein aufgesetzter Damenhut). Das gekrümmte, glatte Dach sah aber nicht nur aus wie ein Damenhut, sondern auch wie eine Muschel, die gerade aufgeplatzt war (»Auster« hätte ich sie nicht genannt, weil Austern doch keine glatte Schale haben und, wenn sie aufgeplatzt sind, auch ganz anders aussehen, innen weiß und mit feinen Äderchen am Rand). Ich sagte dann auch, dass die Kongresshalle eher aussehe wie eine aufgeplatzte Muschel, da fragte Reinhold: »Soso. Aber woher kennst Du denn Muscheln?« Ich blieb ganz ruhig (obwohl ich die Frage schon wieder nicht besonders nett fand) und antwortete, dass es in den Kölner Brauhäusern häufig Muscheln auf rheinische Art zu essen gebe und dass ich schon häufig solche Muscheln gegessen hätte. Da sagte Reinhold nichts mehr und war wieder einen Moment still, und wir gingen zusammen in das große Foyer der Kongresshalle. Dort stießen wir auf ein Restaurant, und wir entdeckten auch ein Café und eine Bar, aber es waren kaum Menschen in all den großen Räumen. Reinhold nannte lauter Zahlen, wie groß das Foyer sei und wie gewaltig der Ausstellungsraum und wie beeindruckend der Vortragssaal mit Hunderten von Plätzen. All diese angeblich so imponierenden Räume sahen aber sehr kalt und ungastlich aus, und so war es kein Wunder, dass sie vollkommen leer waren.

Ich ahnte, dass Reinhold vorschlagen würde, in dem großen Restaurant zu Mittag zu essen, und ich sah ihm schon richtig an, dass er fest daran dachte. Er ging nämlich mit uns nicht in all die großen Räume hinein, sondern steckte jeweils bloß den Kopf in die Tür und nannte dann seine Zahlen. Eigentlich aber hatte er es nicht auf diese Räume, sondern auf das Restaurant abgesehen, und dann kam auch der Satz, den ich erwartet hatte: »Schauen wir uns doch mal das große Restaurant an, es ist besonders schön.« Ich hatte nicht die geringste Lust, in der leeren und kalten Kongresshalle mit all ihren leeren und schmucklosen Räumen zu essen, deshalb überlegte ich schnell, wie ich das verhindern könnte. Wir standen dann aber schon in dem großen Restaurant und sahen ein kleines Wunder. In dem großen Restaurant saßen nämlich durchaus viele Menschen, und all diese Menschen waren zu einer Modenschau gekommen, die gerade stattfand. Deshalb kam auch ein Kellner auf uns zu und sagte: »Das Restaurant ist heute geschlossen, gehen Sie bitte in die Kaffeebar.« Reinhold schüttelte nur den Kopf und sagte nichts mehr, Papa aber sagte: »Ach weißt Du, Reinhold, das macht nichts. Lass uns hier einen

Kaffee trinken, und dann essen wir noch einmal im *Aschinger*. Dem Jungen hat es dort besonders gefallen.« Als Reinhold den Namen »Aschinger« hörte, war er gleich wieder besserer Laune und klopfte mir auf die Schulter und sagte, dass wir gleich im *Aschinger* zu Mittag essen würden, das verspreche er mir.

Wir setzten uns dann in die Kaffeebar und warteten auf einen Kellner, aber es waren außer uns keine Menschen dort, und es war auch kein Kellner zu sehen. Ich sagte, dass ich mir die großen Säle noch einmal etwas anschauen wollte, und Reinhold sagte: »Tu das, mein Junge, wir bestellen Dir eine Fassbrause.« Ich strolchte also ein wenig herum, und dann entdeckte ich in einem kleineren Raum der Kongresshalle an der hinteren Wand (fast wie in einem Versteck) einen Flügel. Es war ein *Blüthner*-Flügel, und er war zugedeckt, aber ich konnte die Plane leicht nach hinten ziehen, um zu sehen, ob der Flügel sich öffnen ließ. Als er sich wirklich öffnen ließ, zog ich die Plane ganz herunter und legte sie zur Seite. Ich öffnete dann auch den Deckel ganz weit und befestigte ihn. Ich zog meinen Pullover aus und krempelte die Hemdsärmel hoch, dann schlug ich ein paar Tasten an und hörte, dass der Flügel ordentlich gestimmt war.

Als ich dann mit den Fingern ein bisschen die Tasten auf und ab spazierte, um zu sehen, wie der Flügel sich anhörte, war ich plötzlich sehr glücklich. Endlich hörte ich wieder mein Spielen und meine Musik, und die Töne und die Musik erinnerten mich ganz stark an zu Haus und an mein Üben. Um mich einzuspielen, spielte ich zunächst etwas Einfaches aus dem *Wohltemperierten Klavier*, ein Präludium und eine Fuge (und zwar in E-Dur). Es war, als befände ich mich gar nicht in diesem leeren Bau des Neuen Bauens, sondern in einem Konzertsaal, denn die Töne und Klänge verdrängten die Umgebung und ließen sie verblassen. Am liebsten hätte ich immer weiter und weiter gespielt, aber ich wusste ja, dass Reinhold und Papa auf mich warteten. Ich spielte aber noch das Präludium und die Fuge in A-Moll (auch aus dem *Wohltemperierten Klavier*), und ich war weiter sehr glücklich (und spürte auch, dass ich mich wieder auf das Zuhause freute und darauf, der Mama etwas vorspielen und so lange üben zu können, wie ich will).

Dann machte ich Schluss und wollte den Deckel schon wieder schließen, als ich hinter mir lauten Applaus hörte. Im Eingang des Raums standen nämlich einige Besucher der Kongresshalle, und unter den Besuchern entdeckte ich auch Reinhold und Papa. Alle klatschten und klatschten, da aber kam einer der Kellner aus dem großen Restaurant und erkundigte sich, was denn los sei. Die Leute sagten, dass der Junge da vorn (also ich) Klavier gespielt habe, da aber sagte der Kellner, das ginge auf keinen Fall und wie es überhaupt möglich sei, dass der Junge Klavier spiele, das habe ihm niemand erlaubt. Ich sagte nichts, sondern klappte den Deckel zu, da meldete sich Reinhold und sagte zu dem Kellner, er (Reinhold) habe mir das Klavierspielen erlaubt. Wenn nebenan eine nicht angekündigte Modenschau stattfinde, könne hier auch ein nicht angekündigtes Klavierspielen stattfinden. »Auf keinen Fall«, sagte der Kellner. »Aber auf jeden Fall«, sagte Reinhold.

Ich sagte dann, dass ich aufhören wolle mit dem Klavierspiel, da aber sagte Reinhold: »Nein, wir geben jetzt nicht klein bei. Spiel wenigstens noch eine Zugabe.« Dabei schaute er den Kellner herausfordernd an, als wollte er weiter mit ihm streiten. Der Kellner blickte erst zu Reinhold und dann zu mir, schließlich sagte er: »Na gut, eine kurze Zugabe. Dann ist aber Schluss.« Da kamen die Leute, die zuvor noch am Eingang gestanden hatten, weiter nach vorn hin zum Flügel, und jeder setzte sich auf einen Stuhl, und es war (ein bisschen) wie in einem richtigen Konzert. Ich überlegte nicht lange, was ich spielen sollte, sondern spielte weiter Johann Sebastian Bach, und zwar eines meiner Lieblingsstücke. Es ist ein Präludium in E-Dur, das Bach eigentlich für die Violine geschrieben hat. Sergej Rachmaninow hat es für das Klavier umgeschrieben, es klingt noch nach Bach, aber auch nach Rachmaninow, und diese Mischung ist wirklich sehr imponierend (und imponierender als das gesamte Neue Bauen). Ich spielte also dieses Stück (ich habe es schon oft als Zugabe gespielt), und ich fetzte es richtig herunter, obwohl ein *Blüthner*-Flügel eigentlich zu langsam, weich und behäbig ist, um richtig darauf zu fetzen.

Die Zuhörer klatschten dann wieder, und sogar der Kellner klatschte, und die Zuhörer wollten noch mehr hören, aber der Kellner sagte: »Ich verstehe sie ja, aber jetzt ist Schluss, meine Herrschaften.« Er half mir dann auch noch, die Plane wieder über den Flügel zu ziehen, und dann gab er mir sogar die Hand und sagte: »Ganz toll, mein Junge. Du wirst mal ein Großer.« Auch die Zuhörer kamen zu mir und lobten mich, ich wollte dann aber rasch wieder mit Reinhold und Papa hinaus in die Kaffeebar, weil ich keine Lust hatte, Fragen zu beantworten. (Die typischen Fragen wären gewesen: »Seit wann spielst Du Klavier?« Oder: »Welche Stücke spielst Du am liebsten?« Oder (ganz doof): »Muss man viel üben, um so spielen zu können?«)

In der Kaffeebar trank ich meine Fassbrause, und dann gingen wir wieder hinaus aus der Kongresshalle. Wir brauchten nichts zu bezahlen, das hatte der Kellner so angeordnet, und so kamen wir schnell los, und wir nahmen draußen einen Bus und fuhren wieder zurück zum Bahnhof Zoo. Im *Aschinger* sagte dann Reinhold, dass er Papa und mich jetzt zum Essen einladen werde, und wir bedankten uns und bestellten wieder eine Berliner Suppe mit Würstchen und aßen die guten Schrippen. Reinhold sprach dann auch von meinem Klavierspiel und lobte mich (etwas übertrieben) und sagte, dass ich später vielleicht einmal mit Herbert von Karajan in der Philharmonie spielen werde. »Und was würdest Du dann mit Herrn von Karajan spielen wollen?«, fragte er. Ich fand auch diese Frage nicht gerade intelligent, aber ich tat Reinhold den Gefallen und antwortete: »Am liebsten würde ich das Klavierkonzert in A-Moll von Robert Schumann spielen.« Da rief Reinhold: »Robert Schumann! Das Klavierkonzert in A-Moll! Als wäre es nichts!« Papa musste (etwas) lachen, und ich lachte dann auch (etwas), und Reinhold schlug mit der Hand auf den Tisch und tat, als wäre das Klavierkonzert von Robert Schumann ein großer Braten, den wir jetzt zusammen verputzen würden, nachdem ich ihn zuvor geschossen und erlegt hatte.

Kleines Vorspiel 3

In »Die Berlinreise« erzähle ich noch von einem weiteren kleinen Vorspiel. Es fand in Berlin-Friedenau statt und damit in einer Berliner Gegend, die mein Vater besonders gut kannte. Während eines Sonntags waren wir dort unterwegs und studierten »die Sitten der Einheimischen«.

Die folgende Journal-Passage über das Klaviervorspiel in einem französischen Restaurant habe ich immer besonders gemocht. Ich empfand mich in diesem Lokal nämlich als gleich doppelt fremd – weil die Friedenauer Szenen und die französischen Mahlzeiten (sowie das dazugehörende Ambiente) für ein Kind meines Alters sehr unbekanntes Terrain waren. Davon ließ ich mir aber nicht das Geringste anmerken. Vielmehr versuchte ich, auf die Wünsche der französischen Kellnerin ebenso einzugehen wie auf die Wünsche der Friedenauer Gäste.

Aus diesem Bemühen entsteht eine durch und

durch komische Szene. Ich spiele Friedenau und
Frankreich zuliebe Stücke, die nach meiner Meinung
zu beiden fremden »Kontinenten« passen. Und so
trage ich denn Walzer von Frédéric Chopin vor –
und das alles in dem Empfinden, genau das Rich-
tige zu tun.

Meine Wahl war in diesem Moment nicht die
eines jungen, unbedarften Klavierschülers, sondern –
völlig überraschend und doch »stimmig« – die eines
erfahrenen Salonpianisten.

Es war ja Sonntag, deshalb waren auch in Friedenau nur sehr wenige Menschen und fast keine
Autos unterwegs. Es war dort also sehr ruhig, und
die Friedenauer saßen anscheinend alle in ihren
großen, ruhigen Häusern oder schliefen noch, jedenfalls kam mir Friedenau mit all seinen Bäum-
chen und Eckchen und Pflastersteinchen wie eine
stille Oase vor. Man hätte glauben können, gar
nicht in Berlin zu sein, sondern in einem sehr
seltsamen Dorf, in dem man den Schlaf und das
Träumen und sehr kleine Sächelchen liebt und die
Menschen auch tagsüber nur flüstern. Ich sagte
das aber nicht zu Papa, sondern hörte zu, wie er

von der Vermessungstechnik erzählte und davon, dass Friedenau nach der anstrengenden und für ihn neuartigen Tagesarbeit der ideale Rückzugsort gewesen sei. Das verstand ich sofort, Friedenau war ein Rückzugsort und damit ein Ort, wo man dem anstrengenden, harten Leben aus dem Weg gehen und abtauchen kann. Ich fragte Papa denn auch, wo er denn an den Abenden abgetaucht sei, und da lachte er (ein bisschen) und sagte, in Berlin tauche man in schönen Eckkneipen ab. Ich fragte, was eine Eckkneipe sei und ob wir jetzt nicht in einer sonntäglich zu Mittag essen könnten, da lachte Papa (mehr als davor) und sagte: »Neinnein, eine Eckkneipe ist etwas für abends, zum Abtauchen. Man trinkt dort ein paar Bier, das ist auch schon alles.«

Wir gingen dann weiter durch das oasige Friedenau, und Papa zeigte mir gleich mehrere Eckkneipen. Ich schaute auch kurz durch die Fenster hinein, und ich verstand, was eine Eckkneipe ist. In allen Eckkneipen saßen aber schon jetzt, am Mittag, einige Männer direkt an der Theke. Einige winkten mir zu, als ich durch das Fenster hineinschaute, und einer zeigte mir den Vogel, gleich mehrmals. (Er fühlte sich wohl gestört, und das war ja auch zu verstehen, obwohl vielleicht doch etwas übertrieben.)

Die Eckkneipe

Eine Eckkneipe liegt an einer Straßenecke. Geht man in sie hinein, steht man gleich an der Spitze der Theke. Ein Teil von ihr verläuft dann von der Spitze aus schräg nach links, der andere schräg nach rechts. An beiden Thekenteilen sitzen Männer und trinken Bier, und zwischen ihnen steht der Kneipenbesitzer und zapft und sorgt für etwas Berliner Unterhaltung. Die Männer sehen aber nicht so aus, als wollten sie sich viel unterhalten, sondern eher so, als wollten sie in Ruhe trinken, bis sie von allein langsam einschlafen.

Ich konnte mir überhaupt nicht vorstellen, dass Papa einmal länger in einer Eckkneipe gesessen und es ihm dort auch gefallen hatte, deshalb fragte ich noch einmal nach. Da antwortete er, Eckkneipen seien etwas zum Dämmern, und es sei durchaus vorgekommen, dass er sich abends Zeit dafür genommen habe. »Zeit zum Dämmern?«, fragte ich noch einmal. »Ja«, antwortete er, »etwas Zeit zum Dämmern.«

Dämmern in Eckkneipen

Ich dämmere, du dämmerst, er dämmert. Dämmerst du? Ja, es dämmert mir. Und dir? Ja, ich habe gerade auch so ein richtiges Dämmern, es dämmert mir auch. Also dämmert es uns. Nein, mir dämmert das eine, und dir dämmert das andere. (Aber was und wie bloß und warum ausgerechnet in Eckkneipen?)

Da sich die Eckkneipen nicht für die sonntägliche Mahlzeit eigneten, suchten wir weiter und weiter, entdeckten aber einfach kein passendes Lokal. Nur ein einziges gefiel Papa und mir, es war aber kein Berliner Lokal, sondern ein französisches, ein sogenanntes Bistro. Eigentlich hatten wir vorgehabt, sonntäglich Berliner Küche zu essen, da aber sagte Papa, eigentlich habe die Berliner Küche nur sehr wenig Sonntägliches, sondern sei mehr etwas für den knochigen Werktag. Und ich antwortete: »Na gut, dann lass uns doch mal die französische Küche probieren.«

Das Bistro bestand wie halb Friedenau aus lauter kleinen Eckchen und Tischchen mit weißen Deckchen, und die Bedienung war eine richtige Französin, die Papa gleich ein Glas Wein servieren wollte. Papa bestellte denn auch ein Glas Weißwein (obwohl er einmal gesagt hatte, in Berlin Wein zu trinken, passe nicht, der Wein schmecke in Berlin nach nichts), und die Kellnerin brachte uns auch gleich eine sehr große Flasche Mineralwasser (ohne Sprudel). So ein Wasser hatte ich noch nie getrunken, es schmeckte seltsam, einfach wie Leitungswasser, nur noch eine Spur langweiliger. »Das schmeckt aber seltsam«, sagte ich zu Papa, und Papa war plötzlich guter Laune, denn er sagte: »Ja, nicht wahr? Es schmeckt wie mein Wein.«

Die Kellnerin brachte uns dann zwei Karten mit französischem und deutschem Text, und sie fragte Papa, wie ihm der Wein schmecke. Da sagte Papa »superb«, und ich hätte fast laut gelacht, denn dieses französische Wort klang irgendwie albern und als machte Papa sich über die Kellnerin lustig. Als sie wieder fort war, konnte ich mich nicht mehr beherrschen und lachte los. Da las Papa die Speisekarte von oben nach unten in Französisch, und ich musste so sehr lachen, dass die Kellnerin wieder erschien. Sie wusste aber nicht, worüber ich lachte, sondern sie hörte Papa zu, wie er die Karte vorlas, und dann sprach sie mit ihm Französisch, und auch Papa sprach Französisch, und es klang

überhaupt nicht mehr albern, sondern unglaublich schön.

Französisch sprechen

Das Französische klingt weich und sanft und wie im
Traum geflüstert. Das Sprechen verläuft ohne Pause und
Hänger, und die Französisch Sprechenden geraten, je
länger sie sprechen, immer tiefer hinein in den Traum.
Im Traum ist es aber nicht dunkel oder gefährlich, sondern hell, wie im Frühling oder im Herbst, keineswegs
aber wie im Sommer oder im Winter. Mama spricht
manchmal mit sich selbst Französisch, und sie spricht es
dann und wann auch mit Papa. Der wechselt aber schon
bald wieder ins Deutsche, denn er sagt, er spreche lieber
Deutsch, weil ich sonst denke, die Eltern sprächen Französisch, damit ich nicht alles verstehe.

Es war nicht leicht, etwas zu bestellen, denn wir
ahnten nicht, wie die Speisen aussehen würden,
deren Namen Papa vorgelesen hatte. Papa fragte
die Kellnerin zwar mehrmals (auf Französisch),
was sich hinter diesem oder jenem Namen verbarg,
und er übersetzte es mir auch langsam. Ich konnte
mir aber nicht vorstellen, wie ein zerschmolzener
Ziegenkäse mit Pinienkernen auf Salat schmecken
würde, und erst recht hatte ich keine Ahnung, wie
geschmortes Rindfleisch nach Art Karls des Großen schmeckte.

In dem Bistro war alles ungewohnt und anders als sonst, denn es war eben französisch. Die Musik war französisch, und die Stimmung war französisch, und es war ein Glück, dass Papa gut Französisch sprach, sonst hätten wir dumm da gesessen. Anfangs war das Bistro noch leer, aber überall auf den Tischen standen kleine Karten zum Reservieren, und als wir bestellten, kamen auf einen Schlag sehr viele Friedenauer herein und verteilten sich auf die Tische und begannen, französisches Leben zu spielen. »Wo kommen denn die plötzlich alle her?«, fragte ich, und Papa sagte, Friedenau sei ein Ort für Maler und Künstler und vielleicht seien das welche, denn Maler und Künstler liebten Frankreich und das Französische über alles. Da verstand ich noch besser, was für ein Dorf Friedenau eigentlich war, es war eine Art französisches Dorf, ein Dorf wie im Traum. Dann aber bestellten Papa und ich.

Papa bestellte sechs Weinbergschnecken und das geschmorte Rindfleisch nach Art Karls des Großen. Und ich bestellte einen Salat aus Nizza und Hähnchen in Burgundersauce nach der Art des Burgund. Und wir tranken weiter das Leitungswasser aus der Flasche, und Papa bestellte ein Glas Rotwein, auch aus Burgund. Der Wein machte ihn gut gelaunt, und ich freute mich, dass er sich jetzt so wohl fühlte und anscheinend für eine Weile nicht mehr an die Jahre von früher denken musste. Er erzählte denn auch nicht mehr von diesen Jahren, sondern sprach von Frankreich und von Paris und dass wir beide einmal zusammen nach Paris fahren sollten, am besten gleich im nächsten Jahr. »Hast Du Lust, nach Paris zu fahren?«, fragte er. Und ich sagte: »Ja, sehr. Nächstes Jahr fahren wir Zwei nach Paris.« Danach haben wir mit unseren Gläsern angestoßen, und dann kamen auch schon die Weinbergschnecken und mein Salat aus Nizza, und es wurde dann eine richtig sonntägliche Mahlzeit, wenn auch nicht auf Berliner, sondern auf französische Art.

Wie französisches Essen schmeckt

Die Weinbergschnecken waren sehr klein und verschrumpelt und steckten noch in ihren Häusern, so dass man sie mit einer Nadel daraus hervorziehen musste. Papa machte es gut, ich fand es aber sehr eklig. Der Salat aus Nizza bestand aus vielen grünen Salatblättern und etwas Thunfisch und Tomaten und geröstetem Weißbrot und schmeckte. Das Rindfleisch und das Hähnchen lagen in genau derselben dunklen Sauce, die etwas nach Wein schmeckte und süß war. Beides schmeckte gut, aber die mit Käse überbackenen Kartoffelscheiben, die es dazu gab, schmeckten etwas langweilig und zu sehr nach Käse. Insgesamt aber hat mir das französische Essen sehr gut geschmeckt.

Nach dem sehr guten Essen, für das wir komischerweise sehr viel mehr Zeit brauchten als sonst für das Essen, fragte uns die Kellnerin noch, ob wir ein Dessert wünschten. Da sagte Papa »ja, auf jeden Fall«, und dann bestellte er für mich eine Mousse au chocolat (also ein Schokoladenmus). Das Mus kam sehr schnell, und es schmeckte mir besser als jeder Schokoladenpudding, den ich bisher gegessen hatte. Das sagte ich dann auch der Kellnerin, und ich sagte dann noch, dass ich mir den Namen des Mus unbedingt merken wolle, und zwar auf Französisch. Deshalb holte ich meinen Notizblock und den Kugelschreiber hervor und bat die Kellnerin, den Namen aufzuschreiben. Sie war sehr erstaunt, dass ich einen Block und einen Stift dabei hatte, und dann sagte sie: »ah, der Junge ist wohl ein Schriftsteller«. Papa musste lachen (etwas lauter als sonst) und antwortete, dass ich kein Schriftsteller, sondern ein Musiker sei. Und dann sagte er, dass ich Klavier spiele, »Klavier«. Die Kellnerin fragte aber zurück: »Er spielt Piano?«, doch das schien Papa, der doch sehr gut Französisch sprach, plötzlich nicht zu verstehen. Da sagte ich, ja, ich spiele Piano, und da kapierte Papa erst und sagte auch, ja, ich spiele Piano. Da nahm mich die Kellnerin an der Hand und ging mit mir durch das Bistro und zeigte mir ein altes Piano, das in einer Ecke des Bistros stand. Sie fragte mich, ob ich etwas spielen wolle, und ich sagte sofort »ja, gerne« (denn ich hatte ja nun eine ganze Weile schon nicht mehr Klavier gespielt). Da ging die Kellnerin fort, und es war plötzlich ganz still im Bistro, und die Kellnerin rief: »Der junge Mann spielt jetzt das Piano. Applaus!«

Die Maler und Künstler aus Traum-Friedenau bemerkten mich dann vor dem Piano und klatschten, und dann öffnete ich das Klavier und überlegte kurz, was ich spielen sollte. Ich wollte etwas spielen, was zu Friedenau passte, deshalb fiel die Wahl gar nicht schwer. Und so spielte ich Walzer von Frédéric Chopin und begann mit dem besonders langsamen in A-Moll. Ich hörte aber gleich, wie gut es passte, es passte nicht nur gut, sondern sehr gut, und ich spielte insgesamt drei Walzer, und dann war es genug. Die Maler und Künstler klatschten sehr lange, und einige von ihnen standen sogar auf und klatschten dann weiter. »Stehende Ovationen«, rief mir die Kellnerin zu, und ich verbeugte mich und war froh, dass mein Spiel so gefallen hatte. Die Maler und Künstler wollten mich dann auch an einen ihrer Tische holen, um sich mit mir auf Friedenauer Art zu unterhalten. Ich sah aber, dass Papa jetzt doch weiter wollte, und so sagte ich, dass wir noch einen Termin am Nachmittag hätten. »Und wo spielst Du am Nachmittag?«, fragte einer von ihnen, und ich fragte Papa: »Und wo spiele ich am Nachmittag?« Da sagte Papa: »Du spielst am Wannsee. Hast Du das schon vergessen?« Und ich sagte: »Ich spiele am Wannsee, ich habe es nicht vergessen.«

Kleines Vorspiel 4

Nicht nur als junger Klavierschüler, sondern auch in viel späteren Jahren habe ich mich manchmal an einem mir zuvor noch unbekannten Ort ohne Planung oder Vorbereitung an ein Klavier gesetzt und vor Publikum ein paar Stücke gespielt. In den meisten Fällen saß vor mir eine andere Person an diesem Klavier und unterhielt die Gäste eines Lokals (oder auch einer Kneipe) mit ihrem Spiel. Oft näherte ich mich dieser Person und stand schließlich gar nicht weit von ihr entfernt, um die Musik besser hören und verfolgen zu können.

Stand ich schließlich fast neben der oder dem Spielenden, bemerkten sie manchmal instinktiv, dass ich von diesem Spiel nicht nur etwas verstand, sondern selbst ein Klavierspieler war. Warum fiel ihnen das auf? Wie war ich als ein solcher zu erkennen? Auf den ersten Blick natürlich gar nicht, bei genauerem Hinsehen dann aber wohl daran, dass meine

Mimik und meine Körperhaltung mich als Pianisten verrieten. »Ich habe Ihnen sofort angesehen, dass Sie Klavier spielen«, hat einmal ein Jazzpianist gesagt, dessen Spiel ich in einer Hotelbar bewundert und verfolgt hatte.

Kam so etwas vor, fiel also der Blick eines bereits Spielenden auf mich, den irgendwo abwartenden und in der Nähe des Instruments bereitstehenden Zuhörer, so wurde ich gar nicht selten gebeten, das Instrument zu übernehmen und selbst zu spielen. Von einer solchen, in meinem Leben mehrmals vorgekommenen Szene habe ich in dem Roman »Das Verlangen nach Liebe« erzählt.

Die Hauptfigur (in diesem Fall auch der Ich-Erzähler) gerät an einem Abend in Zürich durch Zufall in ein Lokal. Er ist Pianist und bereitet sich auf ein Konzert vor. An diesem Abend jedoch gibt er ein ganz anderes »Konzert« als das geplante. Er spielt nicht, wozu er verpflichtet ist, sondern die Musik, zu der es ihn hinzieht.

Ich ging am Frauenmünster vorbei und geriet in eine schmale Straße, die wieder zum See führte, aus einer kleinen Bar drangen plötzlich viele Stimmen, eine Tafel mit russisch-deutschem Text stand wie vergessen vor dem Eingang. Noch einen letzten Schluck wollte ich nehmen, deshalb ging ich rasch hinein, drinnen sah es genauso aus, wie ich es mir vorgestellt hatte, eine lange Theke krümmte sich durch das ganze Lokal, sie war dicht besetzt, auch in der zweiten und dritten Reihe standen Menschen in kleinen Gruppen, während die Paare in den Fauteuils und Sesseln am Rand entlang der dunklen Holzwände saßen. Ich sah in dem überfüllten Salon keinen einzigen Platz, an dem ich hätte stehen bleiben können, deshalb drängte ich durch die diskutierenden Gruppen immer weiter nach hinten, dort stand ein Flügel, eine ältere Frau spielte, direkt neben dem Flügel war ein Verweilen höchstens noch möglich, ich lächelte der Spielenden vorsorglich schon einmal zu, ich bettelte darum, mich neben sie stellen und auf ein Glas Whisky warten zu dürfen. Sie nickte mir zu, sie nickte sogar zweimal und lächelte dann, ich mochte nicht, was sie spielte, im Grunde spielte sie auch gar nicht richtig, sondern deutete nur verhalten ein paar Akkorde an, als komme sie sowieso nicht gegen das Stimmengewirr an und als komme sie nur einer Pflicht nach, der sie gerade noch gehorchte, auf die aber sonst niemand mehr etwas gab.

Hinter der Theke bedienten zwei junge Frauen, ich hörte sofort, dass sie Russisch sprachen, anscheinend sprachen fast alle Gäste hier Russisch oder eine andere Fremdsprache, das Deutsche jedenfalls war nirgends zu hören. Die beiden Frauen sahen wie Zwillinge aus, nur dass die eine hellblonde, die andere aber tiefschwarze Haare hatte, beide hatten ihre Haare offensichtlich gefärbt, auch ihre Kleidung hatten sie wie ein Kontrastprogramm aufeinander abgestimmt, denn die Blonde trug ein tief dekolletiertes, weißes Kleid, während das Kleid der Schwarzhaarigen schwarz und bis zum Hals geschlossen war. In welches Märchen bist Du hier denn geraten?, dachte ich, denn wahrhaftig handelte es sich um eine Märchenstube mit Draufgängern und Räubern und lauten Stimmen, die anscheinend von den letzten Schlachten und Betrügereien erzählten, während die Alte am Klavier nichts anderes war als eine abgeschobene und ihrer Künste beraubte Hexe und die Zwillinge nichts anderes als schöne Prinzessinnen, die hier bis zu ihrer Erlösung schlimme Frondienste verrichten mussten.

Ich machte einen kleinen Schritt nach vorn Richtung Theke und gab der Blonden ein Zeichen, sie schaute sofort zu mir hin und lächelte und fragte nach meiner Bestellung, ich musste die Whisky-Sorte dreimal rufen, ich rief immer lauter, wie ein Süchtiger, der sich nicht mehr gedulden kann und dringend das nächste Glas braucht. Als ich es in der Hand hielt, zog ich mich zu dem alten Flügel zurück, ich hörte die Alte nicht mehr spielen, vielleicht war sie verschwunden, doch als ich mich nach ihr umdrehte, erhob sie sich und begann, immer lauter zu klatschen, was ist denn?, was treibt Sie da?, fragte ich mich, hey, holla!, rief die Alte und klatschte, dass ihr schmaler, knochiger Leib in Bewegung geriet. Ihr lautes Klatschen machte die anderen aufmerksam, einige riefen sofort psst! und dergleichen und taten sich wichtig damit, auf die Alte aufmerksam zu machen, es war mir unangenehm, dass ich so dicht neben ihr stand und damit unweigerlich ebenfalls bemerkt wurde, nein, das wollte ich ja nun um gar keinen Preis!

Ich wollte fort, noch weiter nach hinten ins Dunkel dieses verräucherten Etablissements, als mich die Alte am Arm festhielt, das geht zu weit, dachte ich, was hat sie denn vor?, sie hielt mich jedoch nur einen Moment und deutete hinüber zur Wand, ich schaute hin, mein Gott, sie hatte mich anscheinend wirklich erkannt, sie hatte das Foto auf dem Konzert-Plakat mit mir in Verbindung gebracht, kein Wunder, wahrscheinlich hatte sie es während ihres nächtlichen Klimperns seit Tagen vor Augen gehabt. Ich lächelte verlegen, jetzt sah es so aus, als hätte ich mich absichtlich bis zu diesem Flügel gedrängt, um ins Scheinwerferlicht zu geraten, allmählich verstand man, was die Alte meinte, die Blicke der Gäste wanderten zwischen dem Plakat und mir hin und her, so dass eine immer lauter werdende Woge von Ermunterungen und Holla-Rufen heranschwappte, ich konnte mich dem nicht entziehen, hilflos leerte ich mein Glas mit einem Schluck und spürte die schwere, im Hals ätzende Flüssigkeit wie ein bitteres Gift, das genau zu der Menschenversammlung um mich herum passte. Swingswing, rief ein Alter direkt neben mir, spielen Sie Swing, ich lächelte wie ein dummer Junge, und die Alte zog mich wieder am Arm und deutete auf das Instrument, ich sollte spielen, hey, holla!, spielen soll der große Pianist aus dem fernen Deutschland! Fern, wieso fern?, dachte ich noch, dann aber begriff ich, *Deutschland* war für all diese Gäste hier unglaublich weit weg, es lag jenseits von allem, worüber man in diesem Salon sprach, ja, es war vielleicht überhaupt nicht vorhanden.

Als Achtzehnjähriger hatte ich einmal in den Kellern eines römischen Restaurants nahe am Tiber gespielt, ich erinnerte mich wieder an die dortige Versammlung von Gästen, die dieser hier keineswegs nachstand, diese römischen Keller waren schwach erleuchtete Höhlen gewesen, in denen die ganze Nacht hindurch Musik gemacht und getanzt wurde, damals hatte mich jemand aufgefordert, Jazz zu spielen, doch ich hatte den geforderten Jazz verweigert und Skrjabin gespielt, gerade das aber hatte die Aufmerksamkeit für mein Spiel mehr als jeder Jazz erregt und gesteigert, ich hatte Skrjabin spielen müssen, immer wieder Skrjabin, der unter den Gästen weitgehend unbekannte Name hatte die Runde gemacht wie ein elektrisierender Funke.

Ich erinnerte mich daran und gab der Alten endlich nach, ich setzte mich an den Flügel und schraubte den Klavierstuhl etwas höher, Du sitzt viel zu hoch, Johannes, Du sitzt viel zu hoch! Es wurde still, selbst die Psst!-Schreier verstummten, ich schaute zu den Zwillingen, sie standen regungslos dicht nebeneinander hinter der Theke, die Alte arbeitete sich gerade zu ihnen vor, dann ergab sich das Bild einer Dreiergruppe, es ist Hexerei!, dachte ich noch. Das Whisky-Gift und die Hexenbräuche hatten mich aber längst überwältigt, aus dem fernen Deutschland! rief ich mit seltsam rauher Stimme, was wollte ich spielen, was sollte denn aus dem fernen Deutschland hierher gepflanzt werden in den Untergrund dieser Stadt?

Swingswing, swinging…, rasendes Tempo, und gleich mit dem ersten Takt beginnt der nächtliche Lauf und das Stürmen und die beiden Stimmen, die hintereinander her sind und sich verfolgen und sich an den Händen zu fassen bekommen und weiterstürmen und über Stock und Stein die kleine Anhöhe erklimmen und eilen und eilen…, es ist die Erfindung des Swing, der früheste Swing, das Präludium der Zweiten Englischen Suite von Bach, Dein fanatisches Kindheits-A-Moll, die Raserei der Stunden, in denen Deine Mutter, wie es immer hieß, auswärtig war und die Teufel in der Wohnung umhersprangen, Swingteufelchen, holla!, hey!

Niemand, nichts regte sich, über sechs Minuten erfror diese Mörderbude und Hexenstube zu einem Standbild, seit Jahren hatte ich dieses Stück nicht mehr gespielt, aber jetzt spielte ich es so gut, wie ich es nach den intensivsten Proben nie gespielt hätte, ich hörte meinem Spiel zu, die Klangleitern und schmetternden, kurzen Akkord-Fanfaren stürzten hinter mir drein, Johannes!, Bub!, so bleib doch, so bleib!, Bübchen!, bleib! …, aber nichts da, ich war nicht mehr zu fassen, ich war der Erste im Ziel, verausgabt und atemlos trafen die beiden Stimmen hinter mir ein und trotteten aus in dem krachenden Beifall, der das Zauberhäuschen wie ein starker Orkan durchwehte.

Die Stunden vor einem Konzert

In meinem Roman »Das Verlangen nach Liebe« wird die Hauptfigur einmal gefragt, wie sie sich auf ein Konzert am Abend vorbereitet. Die Beschreibung, die der Ich-Erzähler und Pianist gibt, deckt sich mit meinen eigenen Erfahrungen. Ganz ähnlich habe ich in meiner Pianistenzeit den Tag vor einem Konzert verbracht, in einer seltsamen Mischung von Anspannung und Lockerheit.

Die wichtigsten Minuten sind die intensiven kurz vor dem eigentlichen Auftritt. Ich sollte dann das Gefühl haben, das erste Stück bereits zu hören. Und ich sollte mich darauf freuen, dieses noch stille, geheime Hören bald in ein lautes, bemerkbares Spiel übersetzen zu können. Die »Vorlust« der Erwartung präpariert die darauffolgende »Lust am Spiel«. Und die »Lust am Spiel« sollte sich während eines Auftritts potenzieren, als dürfte es kein Ende geben.

– Was machst Du an einem Tag wie morgen, an dem Du ein Konzert gibst? Früher bist Du an so einem Tag oft Fahrrad gefahren, den halben Vormittag lang, das war eine richtige Marotte von Dir. Und hinterher hast Du noch einmal geprobt, aber nur kurz, nicht das ganze Programm. Ist das alles heute noch genauso? Erzähl mal, wie ich mir so einen Tag vorstellen muss.

– Oh, da hat sich nicht sehr viel verändert, so ein Tag ist noch immer ein Tag der festen Rituale. Wenn es irgend geht, fahre ich tatsächlich am Vormittag eine kleine Strecke mit dem Fahrrad, dann probe ich kurz und keineswegs das ganze Programm. Ich muss mich auf das Spielen am Abend noch freuen können, ich muss es als Ganzes noch vor mir haben, das ist der Grund dafür, dass ich die Stücke am Morgen nur anspiele. Am späten Mittag esse ich eine winzige Kleinigkeit, die den Hunger verdrängt, und dann lege ich mich zwei, drei Stunden ins Bett und versuche zu schlafen. Ich verlasse das Zimmer nicht mehr, ich lese nichts, ich höre etwas Musik und liege dösend auf meinem Bett, bis es Zeit ist, zum Konzert aufzubrechen. Etwa anderthalb Stunden vor Beginn treffe ich in meiner Garderobe ein, ich ziehe mich um, ich höre noch einmal etwas Musik, die letzte halbe Stunde vor dem Auftritt sitze ich regungslos auf einem Stuhl und gehe das Programm in Gedanken noch einmal durch. Dann kommt der große Augenblick, jemand klopft an die Tür, das ist das Zeichen, dass ich aufs Podium muss.

– Früher warst Du nie aufgeregt, das hat mir immer so imponiert.

– Nein, aufgeregt bin ich nicht, höchstens angespannt, sehr angespannt und vollkommen konzentriert. Wenn ich das Podium betrete, versuche ich, diese Konzentration bis hin zum Flügel zu retten, ich schaue nur auf den Boden, ich gebe mir Mühe, den Beifall so wenig wie möglich zur Kenntnis zu nehmen. Ich verbeuge mich und blicke weiter stur auf den Boden, dann nehme ich Platz, und meist schraube ich den Hocker unwillkürlich ein wenig höher. Ich atme ein und halte die Luft einen Moment an, es ist der Moment des Absprungs, nach dem Ausatmen geht es dann sofort los.

– Und wann weißt Du, wie der Abend verläuft, wann weißt Du, ob es gut läuft oder nicht?

– Das weiß ich sehr bald, nach kaum einer Minute. Wenn es mir gelingt, hoch konzentriert zu bleiben, bemerke ich nämlich nichts sonst mehr, nicht einmal mehr mein eigenes Spiel. Es ist eine Art Trance, ich bewege mich in der Musik, als füllte sie mich vollständig aus, als wäre ich mit diesem Klangraum identisch. Eine so hohe Konzentration gelingt nur in einem Konzert, in den Proben erreiche ich nie dieses Niveau. Die Anspannung im Saal, die Konzentration der Zuhörer, die plötzliche Regungslosigkeit von vielen hundert Menschen – sie treffen mit meiner eigenen Anspannung zusammen und reichern sie an. Ich sitze und spiele im Fokus, ja im Brennpunkt all dieser Blicke, eine solche Fokussierung wirkt wie eine gewaltige, starke Hypnose, ich spüre sie physisch, mein ganzer Körper erliegt ihr.

In Konzerte gehen 1

Seit ich selbst keine öffentlichen Konzerte mehr gege-
ben habe, bin ich immer häufiger in Konzerte ande-
rer Pianistinnen und Pianisten gegangen. Nach wie
vor tue ich mich damit aber schwer, zum einen, weil
mich die solche Auftritte an meine eigenen vor Jahr-
zehnten erinnern, zum andern, weil ich nicht gern
die Rolle eines typischen Konzertbesuchers über-
nehme. Ich fühle mich in ihr einfach nicht wohl, ich
wirke (auf mich selbst) zu unbeteiligt, zu erfroren,
zu sehr auf das stille Sitzen, Schauen und Klatschen
beschränkt. Dabei erlebe ich solche Konzerte wahr-
scheinlich ganz anders als die meisten anderen Be-
sucher. Innerlich spiele ich mit, aber nach außen hin
wirke ich wie ein beliebiger Zuhörer, der ein Kon-
zert besucht und nach dem Besuch sofort wieder zur
Tagesordnung übergeht.

Ich gehe häufig in Konzerte, aber meist nur, wenn es sich um Klavierabende mit einem einzigen Solisten handelt. Orchester möchte ich nicht sehen und hören, denn das Orchesterbild mit der oft großen Besetzung lenkt mich beinahe noch mehr ab wie die Dirigenten, deren gymnastische Übungen vor ihrem Pult mich vollends abschrecken. Konzentriere ich mich ausschließlich auf den Dirigenten, ist die Musik für mich verloren. Ich sehe fast immer einen Loriot-Auftritt, zum Schreien komisch, hart an der Grenze zu einer Slapstick-Nummer. Konzentriert man sich dagegen auf das Orchester, wissen die Augen nicht, worauf sie sich eigentlich fokussieren sollen: auf die sich meist schmachtend ins Zeug legenden Geiger, auf die trocken und ehrlich dreinschauenden Cellisten, auf die in Gedanken abwesenden Kontrabassisten oder auf die kapriziösen Flötisten (beruhigend wirkt nur der Anblick des einen Paukers, der hinter seiner Kesselpauke vor sich hindämmert).

Statt all diese Gruppen ins Visier zu nehmen, schaut man also woanders hin, um der Musik folgen zu können. Wohin aber? An die Decke? Auf den Kopf des Vordermanns?

O: Ich sehe fast nichts.

I: Wieso denn nicht?

O: Der Typ vor mir ist um eine kleine Nummer zu groß.

I: Du sollst ja auch nicht sehen, sondern hören.

O: Ich sehe aber dramatischen Haarausfall und Schuppengestöber.

I: Du übertreibst.

O: Es ist nicht zum Ansehen.

I: Dann schließ doch die Augen.

O: Das geht nicht. Wenn ich die Augen schließe, fühle ich mich nicht anwesend. Ich bin ein Konzertbesucher und kein Höhlenbär.

I: Gibt es überhaupt noch Höhlenbären? Heutzutage? Im digitalen Zeitalter?

Klavierabende besuche ich, weil mich die Auftritte der großen Pianisten (Arcadi Volodos, Daniil Trifonov, Georgi Sokolov…) interessieren. Ihr Klavierspiel könnte ich auch über eine CD zuhause erleben, im Konzertsaal kommen aber noch die visuellen Details der Auftritte hinzu. Sehe ich einen Pianisten die Bühne betreten, erkenne ich sofort, was los ist. Beobachte ich, wie er Platz nimmt, weiß ich noch mehr. Schlägt er die ersten Takte an, beginnen in meinem Kopf die exakteren Analysen. Ein ganzes Stück über sendet der Auftritt lauter Details, die von den meisten anderen Konzertbesuchern wahrscheinlich kaum bemerkt werden: Entspanntheit, emotionale Konzentration, Sich-Gehen-Lassen, Selbstappelle, Zerstreutheit, Wegtauchen, Zurückfinden, Selbstaufgabe.

Ich erlebe einen solchen Auftritt nicht nur psychisch, sondern auch physisch mit. Ich spüre die Anstrengung, die Verzweiflung, aber auch die Leichtigkeit, die Befreiung. Ich gerate so ins Schwitzen, wie ich selbst als Pianist nie ins Schwitzen geraten bin. Es ist, als müsste ich diese Frau (Hélène Grimaud) oder diesen Mann auf der Bühne durchs Hochwasser tragen: auf meinen Schultern oder auf meinen Händen, während mir selbst das Wasser bis zum Hals steht. Hinterher klatscht kaum jemand so laut und lange wie ich: Es ist geschafft, wir haben es zusammen hinbekommen, das rettende Ufer ist erreicht!

In Konzerte gehen 2

*Darüber, wie ich ein Klavierkonzert erlebe, wenn ich
das jeweilige Stück früher einmal gespielt habe und
deshalb bis in jedes Detail kenne, habe ich in einem
»Liebesbrief« an die Pianistin Hélène Grimaud einmal geschrieben. In diesem Text geht es um all das,
was mir als einem Zuhörer, der inzwischen auf das
pure Schauen reduziert ist, alles so auffällt. Natürlich habe ich nur einen sehr geringen Teil meiner Be-
obachtungen festgehalten, in Wahrheit geht es während eines solchen Konzertes in mir viel stürmischer
zu. Man könnte sagen: Ein Teil von mir »begleitet«
das Stück mit, und ein anderer Teil hört die Version, in der ich selbst es spielen würde. Umso deutlicher empfinde ich die Unterschiede zwischen dem
Gehörten und dem von mir Imaginierten. Zwei unterschiedliche Versionen kämpfen gegeneinander an,
indem sie sich aneinander reiben, aufeinander zube-
wegen, einander korrigieren.*

Hélène Grimaud, ein Liebesbrief

Liebe Hélène Grimaud,
heute Abend erlebte ich Sie (zum wievielten Mal?) in der Kölner Philharmonie. Sie ist mein Lieblingskonzertsaal – und das nicht nur, weil man von jedem Platz aus über den Vordermann hinwegschauen kann. Wichtiger ist, dass die Plätze bequem sind und dass der Saal etwas Weites, Offenes hat. Wie eine Halbarena ist er angelegt, und das ist das Beste, was einem Konzertsaal passieren kann. Ansteigende Reihen, als Halbarena konzipiert.

Sie betreten die Bühne, als wollten Sie unsichtbar bleiben. Sie huschen nach vorn, zu Ihrem Sitz am Flügel, und streichen sich kurz durchs Haar. Ihr Blick gilt nicht dem Publikum, sondern dem Dirigenten. Ich sehe, dass Sie noch etwas unsicher sind, mit wem Sie es zu tun haben. Sie mögen nur sehr wenige Dirigenten, und auch zu Orchestern unterhalten Sie keineswegs lauter Liebesbeziehungen. Stattdessen bestehen Sie auf Ihrem Eigensinn, der ist Ihnen wichtig.

Um sich Ihren Eigensinn zu bewahren, widmen Sie sich in Ihren freien Stunden auch Wölfen. Sie haben darüber ein Buch geschrieben, und Sie haben auch Bücher über Ihre musikalischen Erfahrungen verfasst (ich werde mich hüten, sie zu lesen). Ich glaube nicht, dass so etwas sein muss, ich würde Ihnen auch vertrauen, wenn Sie Ihre Zeit anderen Dingen widmeten. (Vielleicht doch ein wenig mehr an Genuss? Und etwas weniger Strenge?)

Das erste Klavierkonzert von Johannes Brahms ist ein Brocken. Ich sehe, wie Sie gleich zu Beginn (diese schweren, im Überklang des Orchesters leicht verhallenden Triller!) alles geben. Ihr schmaler Körper schnürt sich zusammen, Sie wünschen sich größere Hände, die Fingerspitzen werden hart. Ich bemerke, wie wachsam Sie sind. Das Orchester ist Ihnen etwas zu langsam, der Blickkontakt mit dem Dirigenten wird seltener, Sie schauen auf die Tasten, nicht auf Ihre Hände, und wenn die großen Momente kommen, schauen Sie hinauf an die Decke. Ihr Mund öffnet sich leicht, Sie tragen jetzt die Musik, und Sie werden von ihr getragen (wenn bloß die zu lauten Bläserstimmen nicht wären).

Die weitere Zeit über versuchen Sie, das Stück dem Orchester zu entziehen. Sie spielen an bestimmten Stellen bewusst langsamer, Sie zwingen das Orchester, Ihrem Ton zu folgen, doch das Orchester hat so etwas nicht raus. Es will anders, ganz anders, und der Dirigent legt sich ins Zeug, aus einem Klavierkonzert eine Symphonie zu machen. Das Konzert in D-Moll treibt dahin und schaukelt sich durch die Sätze. Sie sind längst ganz woanders, in einem Konzertsaal in Arles, wo die Aufführung dieses Stücks erstaunlich gelang. Am Ende sind Ihre Augen leicht getrübt.

Sie stehen auf, verbeugen sich, geben dem Dirigenten und dem ersten Geiger brav die Hand und eilen hinaus. Mit dem Blumenstrauß, den man Ihnen verehrt, können Sie rein gar nichts anfangen. Am liebsten würden Sie ihn gleich ins minutenlang klatschende Publikum werfen, aber das wäre in Ihren Augen etwas Kontaktaufnahme zu viel. Sie nehmen nämlich überhaupt keinen Kontakt auf: nicht mit dem Publikum, nicht mit dem Orchester und erst recht nicht mit dem Dirigenten. In Ihren Träumen gehen Sie hart mit allen ins Gericht. In meinem eigenen Traum sah ich Sie spät nachts am Rheinufer stehen, um den Blumenstrauß in die Wellen zu werfen.

Ich kann mir nicht vorstellen, dass Sie in einem Kölner Hotel übernachten. Höchstens auf einer

Rheininsel, stromabwärts, allein, begleitet von fünf Hunden (als Wolfsersatz). Ich kann mir Sie überhaupt nicht in einer Runde mit anderen Menschen vorstellen, ich vermute, dass Sie Kontakte meiden. Deshalb reisen Sie ununterbrochen und treten fast jeden Abend irgendwo auf. Gerne würde ich mit Ihnen einmal in der Nacht (nach einem Konzert) essen gehen. So etwas tun Sie aber nicht, und erst recht nicht mit einem dahergelaufenen Konzertbesucher.

Doch ich warte weiter auf Sie, schon in zwei Monaten sind Sie wieder in der Kölner Philharmonie zu Gast. Dann spielen Sie allein, ohne Orchester. Ich sitze in der ersten Reihe der Chorempore, genau in der Mitte, Platz 22. Wenn Sie während Ihres Spiels aufschauen, begegnet Ihr Blick dem meinen. Wir werden uns vom ersten Moment an verstehen.

In Konzerte gehen 3

Von den Konzerten, die ich in meinem Leben gehört habe, sind mir viele sehr genau in Erinnerung geblieben. Vor allem an die Konzerte, die ich als Kind und junger Klavierschüler mit einem meiner Elternteile während der Festspiele in Salzburg gehört habe, erinnere ich mich präzise. Wie Bruno Leonardo Gelber Ravels Klavierkonzert in G-Dur spielte! Wie Svjatoslav Richter das zweite Klavierkonzert von Johannes Brahms spielte! Oder wie Martha Argerich das erste Klavierkonzert von Ludwig van Beethoven spielte!

Eines der schönsten und einprägsamsten Konzerte meines Lebens habe ich mit meinem Vater während unserer gemeinsamen Berlinreise im Jahr 1964 gehört. Damals gingen wir zusammen in die gerade neu errichtete Philharmonie und erlebten ein Konzert mit den Berliner Philharmonikern unter der Leitung von Herbert von Karajan. Auch davon habe ich in meinem jugendlichen Reisejournal (»Die Berlinreise«) erzählt.

Das Konzert in der Philharmonie begann um 20 Uhr, aber wir waren schon gegen 18 Uhr dort und gingen dann zunächst um das neue Gebäude herum und schauten uns an, was daran alles sehr merkwürdig war. Merkwürdig war als erstes das Dach der Philharmonie, denn dieses Dach bestand aus mehreren Segeln, die sich nach verschiedenen Seiten blähten. Das Dach sah dadurch aus wie das Dach eines Zirkuszeltes, in der Mitte ganz spitz und hoch, nach den Seiten flattrig. Ging man um das Gebäude herum, sah man immer ein anderes Segel des Dachs, so dass man sich nicht genau vorstellen konnte, wie das Gesamtdach denn eigentlich aussah.

Merkwürdig war als nächstes, dass es in den Wänden fast keine Fenster gab. Auch die Wände waren auf allen Seiten unterschiedlich groß, mal höher, mal niedriger (und niemals rechtwinklig), mal eingeknickt, mal vorgewölbt, so dass man auch hier nicht wissen konnte, aus wie viel einzelnen Wänden denn die Philharmonie eigentlich bestand. Man konnte immer wieder um das Gebäude herum gehen, es nutzte nichts. Denn während man ging, bekam man nicht mehr zusammen, was man gerade noch gesehen hatte. Man konnte sich die Philharmonie einfach nicht merken, soviel man auch ging und ging, und so gaben wir das Herumgehen auf und gingen durch den niedrigen, ziemlich unauffälligen Eingang hinein.

Als wir aber im Innern der Philharmonie waren, habe ich sehr gestaunt, denn ich hatte noch nie einen so schönen Konzertsaal gesehen. Auch diesen Konzertsaal konnte man sich als ganzes nicht merken, aber er war noch ziemlich leer, und so gingen Papa und ich auch hier durch das ganze Innere, immer wieder herum und hinauf und hinab. Die Sitzreihen verliefen rund um die große Bühne (auch hinter der Bühne gab es Sitzreihen), und sie stiegen dann von der Bühne aus ganz unregelmäßig wie Strahlen nach oben hin zu den dunklen Wänden. Manche Sitzreihen schwebten aber auch wie breite Logen an die Bühne heran, aber alles war sehr unregelmäßig, so dass man auch das Innere nicht richtig als ganzes überblicken konnte. Der Saal war sehr hoch, und an der Decke gab es viele kleine Lichter, und das Ganze sah aus wie ein großes Festzelt aus hellbraunem Holz, alles hellbraun und sonst keine anderen Farben.

Das Schönste aber war, dass es nirgends Pfeiler und Stützen und Bögen und Durchgänge gab, so dass man überall sitzen konnte, ohne dass solche störenden Teile im Weg gewesen wären. Der Saal war also hoch und weit und doch federleicht, und Papa sagte, der Saal atme tief und befreit durch, und das sei nun wirklich ein Meisterwerk des »Neuen Bauens«. Er setzte sich dann auch an diesen und jenen Platz und zeichnete mit dem Bleistift auf ein paar losen Zetteln, die er in der Tasche hatte, die Sicht auf die Bühne. Ich habe mich neben ihn gesetzt und notiert, was mir auffiel, und so haben wir beide das »Neue Bauen« studiert (das mir jetzt viel besser gefiel als im Fall der Kaiser-Wilhelm-Gedächtniskirche).

Das gute Neue Bauen

Das gute Neue Bauen ist ein leichtes, luftiges Bauen. Die Gebäude sehen nicht wie schwere Klötze mit dicken Mauern, sondern so aus, als könnte man sie auch flink umbauen, verschieben oder wieder in Luft auflösen. In solchen Gebäuden fühlen sich die Besucher nicht beengt (oder eingeschüchtert), sondern einfach nur wohl. Von jedem Platz aus können sie frei auf die Bühne sehen, und alle Plätze sind gleich gut, egal, wo man sitzt. Papa sagt, dieses Neue Bauen sei ein demokratisches Bauen. (Was damit aber so alles gemeint ist, weiß ich nicht genau.)

Dann strömten die Konzertbesucher in den Konzertsaal und verteilten sich überall, und der Saal füllte sich. Mir fiel auf, dass die Menschen ganz locker (und nicht besonders festlich) gekleidet waren. Es sah aus, als schlenderten sie gerade mal so von der Straße hinein, um nach dem Konzert wieder ganz locker hinaus auf die Straße zu strömen. Die meisten trugen weder elegante noch glänzende Schuhe, sondern einfache Straßenschuhe, und die Frauen trugen auch nicht so vielen Schmuck, wie ich erwartet hatte. Ich fand das alles ebenfalls leicht und luftig, denn die meisten Kleidungsstücke, die Konzertbesucher sonst in den Konzerten tragen, sehen so aufdringlich, umständlich und wichtigtuerisch aus, dass niemand sich in ihnen wohlfühlen kann. (Papa sagt manchmal: »So etwas lenkt doch nur ab. Ich meine vom Hören.« Und Mama sagt: »Ein einziges Schmuckstück genügt. Aber ein besonders schönes, eines, das man mag.«)

Der große Konzertsaal war voll besetzt, als das Orchester die Bühne betrat und die Instrumente stimmte. Dann dauerte es noch einen Moment, bis der Dirigent, Herbert von Karajan, ebenfalls auf die Bühne kam. Er war sehr schlank und kam mit schnellen Schritten heran, und er hatte eine schnittige, elegante Frisur (und sah überhaupt nicht so aus, wie Dirigenten sonst aussehen). Es war merkwürdig, aber er erinnerte mich ein bisschen an James Bond (als hätte er in der Garderobe auch einen geheimnisvollen Koffer mit lauter Wunderwaffen liegen), und ich war mir ganz sicher, dass er wie James Bond schnelle Autos, noch schnellere Flugzeuge und die schnellsten Raketen mochte. (Wahrscheinlich träumte er davon, aus einer Rakete heraus die Sterne und Planeten zu dirigieren.)

Das Konzert begann mit einem Oboenkonzert von Richard Strauß, und das war ein Stück für die gute Laune gleich zu Beginn. Die Oboe spielte in allen drei Sätzen fast die ganze Zeit, und das Orchester murmelte und säuselte ein bisschen dazu, und es gab auch einige sehr schöne Stellen nur für die Oboe, aber sie blieben nicht richtig haften, weil das Orchester oft so schnell dazwischen fuhr. Dann aber kamen die berühmten *Vier letzten Lieder*, ebenfalls von Richard Strauß. Ich hatte die Studienausgabe des Stückes dabei, die wir im Osten Berlins gekauft hatten, und so konnte ich das ganze Stück (zu Beginn) in allen Einzelheiten verfolgen. Die Texte der Lieder waren von dem Dichter Hermann Hesse (3) und dem Dichter Joseph von Eichendorff (1), und die Lieder hießen »Frühling«, »September«, »Beim Schlafengehen« und »Im Abendrot«.

Die *Vier letzten Lieder* waren Lieder für eine sehr hohe Sopranstimme, und die Sängerin (Elisabeth Schwarzkopf) sang sie so hoch und leicht und luftig, wie die Philharmonie hoch und leicht und luftig war. Die hellen Töne schwebten hinauf, bis zu den Lichtern in der Decke, und dort blieben sie hängen und stehen wie zitternde Seifenblasen. Der Text war aber beim besten Willen nicht zu verstehen, kein einziges Wort, man hörte nur die hohen, aufsteigenden und schwebenden Töne, und die Töne klangen wie A, O, I, dann aber auch wie Ei, Ö, Ü, glasklar und durchsichtig, und so, dass sie einem richtig in den Kopf fuhren.

Ich hatte noch nie eine solche Musik aus hohen, schwebenden und wunderschönen, einzelnen Tönen gehört, und ich habe nicht weiter in der Studienausgabe gelesen, sondern nur noch zugehört. Die Musik war auch etwas unheimlich und melancholisch, und manchmal spielte ein einzelnes Instrument ein kleines Solo, und das war besonders schön. Ich habe dann die Augen fest geschlossen und nur noch den Tönen gelauscht, und das Orchester duckte sich weg, als schlössen die Musiker auch die Augen, und nur noch die hohe Stimme flog durch das Dunkel wie ein Hagel von Sternschnuppen. Es blitzte richtig in meinem Kopf, ganz hell, und als ich die Augen wieder öffnete, sah ich, dass auch Herbert von Karajan die Augen geschlossen hatte und kaum noch dirigierte. Er stand einfach nur da und hob ein wenig die Hände, aber die Hände schwebten dann auch in der Luft wie die hohen Töne. Am Ende des letzten Liedes verstand ich plötzlich das Wort »Friede«, und dann hörte sich alles an, als würde eine große, weite Landschaft immer stiller. Die allerletzten Worte aber des letzten Liedes waren dann eine Frage, und die Frage lautete »Ist dies etwa der Tod?«

Niemand von den vielen Besuchern bewegte sich noch, und Herbert von Karajan dirigierte nicht mehr, und die Sängerin schaute tief auf den Boden, und alles kroch in der stillen Landschaft dicht zusammen, denn es gab noch ein Nachspiel, nur Orchester, ohne die hohe Stimme. Ich habe wirklich den Atem angehalten, und als die letzten Klänge vorüber waren, haben alle den Atem angehalten. Und dann erst, ganz langsam, erwachten alle wieder und begannen langsam zu klatschen, als erwachten sie aus einem tiefen Traum. Und Herbert von Karajan verließ zusammen mit der Sängerin sofort die Bühne, als wäre er erschüttert von der Musik. Und dann blieben die beiden eine ganze Weile einfach fort, als würden sie nicht mehr erscheinen, um sich feiern zu lassen.

Das geschah dann aber natürlich doch, nach einiger Zeit. Da hatte das Publikum sich wieder gefangen, und jetzt klatschten alle, und als Elisabeth Schwarzkopf (allein) wieder auf die Bühne kam, klatschten sie rhythmisch und standen auf und drängten heran an die Bühne, und Frau Schwarzkopf verneigte sich immer wieder nach allen Seiten (also auch nach hinten, denn auch hinter der

Bühne saßen ja Besucher). Herbert von Karajan ließ dann noch länger auf sich warten, und als er endlich auch auf die Bühne kam (zusammen mit Elisabeth Schwarzkopf) wirkte er noch immer erschüttert und so, als wollte er eigentlich gar nicht auf die Bühne, sondern lieber weiter tief träumen.

Es wurde sehr lange geklatscht, und dann kam die übliche Pause (ich mag keine Pausen). Ich schaute Papa an und sagte »Puuh«, und Papa lächelte (ein bisschen) und sagte: »Unglaublich, was?« Da wusste ich, dass er ein solches Stück mit so hohen, einzelnen Tönen (ohne Handlung, also nicht in einer Oper) noch nie gehört hatte und dass er das Ganze (wie ich) auch einzigartig gefunden hatte. Wir sahen dann, dass als nächstes noch ein großes Orchesterstück von Richard Strauss (*Ein Heldenleben*) gespielt werden sollte, da aber sagte Papa: »Was meinst Du? War das jetzt nicht schön genug? Schöner kann es doch gar nicht werden.« Ich fragte ihn, was er meinte, und er sagte, er überlege, ob wir nicht bereits jetzt hinausgehen sollten, weil wir dem nächsten Stück sowieso nicht mehr richtig folgen könnten. Ich staunte ein wenig (denn ich hatte genau dasselbe gedacht), und dann sagte ich, ja, wir sollten jetzt hinausgehen, schöner könne es doch einfach nicht werden, und außerdem behielten wir so die schönen Töne und Klänge noch weiter im Kopf, während *Ein Heldenleben* diese schönen Töne und Klänge vielleicht auslöschen oder verdrängen würde durch allerhand Orchesterbrimborium (also durch Schall und Knall).

Wir haben uns dann (»still und heimlich«, hat Papa gesagt) unsere Mäntel geholt und den schnellsten Weg nach draußen gesucht. Die anderen Besucher gingen überall im Gebäude auf und ab und sprachen und redeten schon wieder, als wenn nichts gewesen wäre. Wir aber hatten die schönen Klänge und Töne noch genau im Kopf, und so nahmen wir sie mit hinaus ins Freie und gingen dann langsam durch die nächsten Straßen, anstatt ein Bier oder ein Glas Sekt oder ein Glas Wasser wie die anderen Besucher zu trinken. (Wie brachte man nach einem solchen Gesang überhaupt so etwas fertig?)

Nicht einmal mit irgendeiner Bahn sind wir gefahren, sondern still spazieren gegangen, und es war ein bisschen so wie in den *Vier letzten Liedern*, in denen ja auch vom stillen Gehen (zu zweit) und dem Abend und der Müdigkeit gesungen wird. Mindestens eine Stunde sind Papa und ich so gegangen, ziemlich langsam, und als hätten wir gar kein Ziel. Ich ahnte aber, dass Papa genau Bescheid wusste, wo wir uns befanden, denn er blieb niemals stehen und schaute nicht lange nach rechts oder links. Schließlich trafen wir in der Dunkelheit auch wahrhaftig auf einen S-Bahn-Bahnhof, und dort gingen wir auf den Bahnsteig und warteten weiter still, bis die S-Bahn endlich einfuhr. Der Zug war wieder sehr leer, und dann rollten wir in diesem Zug zum »Botanischen Garten«, und ich schaute noch einmal in die Studienausgabe der *Vier letzten Lieder*.

In der Pension war es bereits dunkel, und auch von Hugo war nichts mehr zu sehen. Wir schlichen die Treppe hinauf in unser Zimmer, und dann zogen wir uns aus und gingen gleich zu Bett. Papa sagte noch »Gute Nacht, mein Junge«, und ich sagte »Gute Nacht, Papa«, und dann drehten wir uns auf die Seite und schliefen ein, die *Vier letzten Lieder* immer weiter im Kopf.

Unerwartet Musik hören

Vor einigen Jahren war ich längere Zeit in Sizilien unterwegs, um mehr über die sizilianischen Dolci (ihre Geschichte, ihre Herstellung, ihre Besonderheiten) zu erfahren. Damals besuchte ich auch viele, meist von einer Familie seit mehreren Generationen geführte Dolci-Werkstätten, in denen diese kostbaren, in ganz Europa einzigartigen Süßigkeiten hergestellt werden.

In Palermo geriet ich in die Werkstatt des Ehepaars Rosciglione, dem ich an einem Vormittag meinen ersten, noch eher flüchtigen Besuch abstattete. Dort wurde ich zu einem zweiten Besuch am Nachmittag eingeladen, in dessen Verlauf man mir die handwerkliche Produktion der Dolci erklären und zeigen wollte.

Zu diesem zweiten Besuch kam es dann auch – und er bezauberte durch eine völlig unerwartet eingespielte und gehörte Musik, die eine enge Ver-

bindung zu dem einging, was dann alles in der
Werkstatt geschah.

Wir vereinbaren eine exakte Uhrzeit für unsere
zweite Begegnung, die so ausschließlich und intensiv der handwerklichen Praxis vorbehalten zu sein
scheint. Als wir an den Auslagen voller *Dolci* im
Verkaufsraum vorbeigehen, nennt Signor Rosciglione noch einmal fast all deren Namen. Er spricht
langsam, leise und sagt diese Namen – wie Glieder
einer kleinen Litanei – in ruhigem Ton auf. Und
er begleitet diese Namensnennungen mit ein paar
fast zärtlichen Kommentaren, als seien all diese in
seiner Verkaufstheke ausgelegten *Dolci* nichts anderes als reale Lebewesen. »*Pastine di mandorla* –
das sind meine Kleinsten, schauen Sie, sie haben
bunte Augen aus kandierten Früchten! Und daneben *Biscotti regina* – sind sie nicht brav in all ihrer
Farblosigkeit und mit dem bisschen Sesam, der sie
veredelt? *Pasta reale* – das sind durchgedrehte Teufel, die immer zusammenbleiben und in Rudeln
herumziehen. Und dort, die *Ossa di morto*, mein
Gott, das sind schlimme Langweiler in braun-wei-
ßen Gewändern, wie Mönche, die ihre Ordens-

kleidung im Wind wehen lassen!« Signor Rosciglione lacht und berührt meine rechte Schulter, als wollte er mich auffordern, mich nicht nur über seine kühnen Vergleiche zu wundern, sondern endlich auch mitzulachen. Ich versuche es, aber es gelingt mir nicht recht, weshalb Signor Rosciglione sich etwas zu mir hin beugt, um noch einen letzten, überraschenden Hinweis zu platzieren: »Manchmal machen meine *Dolci* alle zusammen sogar Musik, ja doch, glauben Sie mir! Am Nachmittag werden Sie diese Musik hören, und Sie werden erstaunt sein. Verstehen Sie etwas von Musik? Von klassischer, meine ich! Sind Sie vielleicht sogar ein Kenner?« Ich überlege kurz, wie ich mich aus der Affäre ziehen soll, und entscheide mich dann rasch, nun auch selbst eine zumindest kleine Überraschung zu unserer Unterhaltung beizusteuern: »Ja«, antworte ich, »ich glaube schon, dass ich so etwas wie ein Kenner der klassischen Musik bin. Wenn es dabei aber vor allem um sizilianische Musik geht, bin ich mir nicht mehr so sicher.« – »Nun gut, dann warten wir ab, ich bin gespannt!«, sagt Signor Rosciglione und gibt mir die Hand.

Es ist Mittag, und ich gehe zurück auf den *Ballarò*-Markt, um dort eine Kleinigkeit zu essen. Es gibt ein paar Eckrestaurants, die ihre Tische vor allem draußen, auf der Straße, platziert haben, es gibt aber noch viel mehr Garküchen, die meist nur etwas Kleines, frisch Frittiertes anbieten. Ich treffe wieder auf die winzigen Halbmonde aus Kichererbsenmehl (*Panelle*) und auf die festen, länglichen Kartoffelkroketten, die ich bereits aus der *Antica Focacceria* kenne. Hier, auf dem Markt, wurde ihr Geschmack durch einen starken Anteil von Muskatnuss verfeinert. Besonders delikat und dennoch einfach sind die *Anelletti al forno*, die auf den ersten Blick wie unsere Fastnachtskrapfen aussehen. Die dunkelbraun frittierten Teigballen mit der festen Kruste bestehen aber nicht nur aus einem weichen, leicht süßlichen Teig, sondern enthalten daneben auch noch reichlich fein gehackte Karotten, Sellerie, Tomaten, Erbsen und Zwiebeln. Bereits nach dem Genuss einer einzigen dieser kompakten und doch sehr schmackhaften süßherben Leckereien ist man im Grunde gesättigt und beendet die winzige Mahlzeit am besten mit einem Glas guten sizilianischen Rotwein.

Danach schlendere ich noch eine Weile über den Markt und interessiere mich für die vielen Stände mit CDs und alten Schallplatten, die auch ein erstaunlich großes klassisches Repertoire anbieten. Die meisten dieser Tonträger haben einen regionalen Bezug und präsentieren Musik von Komponisten, Orchestern oder Gruppen, die in irgendeiner Hinsicht mit Sizilien zu tun haben. Große Mandolinenorchester spielen sizilianische Canzoni, und überall in Sizilien bekannte Sängerinnen (wie etwa Rosa Balistreri) singen sizilianische Lieder, die auf dem ganzen Markt zu hören sind. Auf manchen CDs geht es sogar um die sizilianische Oper, und ich werde an sizilianische Komponisten wie Vincenzo Bellini oder Pietro Mascagni erinnert, deren Arien ich vor allem deshalb kenne, weil bekannte Sängerinnen und Sänger (wie Maria Callas oder Luciano Pavarotti) sie immer wieder gesungen haben. Ich bekomme einen Kopfhörer und höre etwas in diese CDs hinein, und dann nehme ich zwei von ihnen mit, ausschließlich mit Arien und Orchesterstücken aus den Opern von Bellini und Mascagni.

Schließlich aber ist es Zeit, und ich gehe zum *Laboratorio* der *Fratelli Rosciglione* zurück. Es ist geschlossen, aber als ich klopfe, erscheint Signor Rosciglione, sagt jedoch kein weiteres Wort, sondern führt mich gleich hinüber in die Werkstatt, wo seine Frau an einem langen Tisch schon auf mich wartet. Wir begrüßen uns, aber erst als wir uns die Hand geben, bemerke ich so richtig, dass in der Werkstatt Musik läuft. Ein Stück für großes Orchester, hochmelodiös, Seelennahrung, direkt ins Herz zielend. Ich kenne dieses Stück, aber ja, ich habe es schon unzählige Male gehört, doch ich weiß nicht mehr genau, was es ist. Italienische Oper – das ist klar, aber welche? Und von welchem Komponisten? Das Ehepaar Rosciglione steht hinter seinem Arbeitstisch und schaut mich an. Signora Rosciglione trägt einen weißen Kittel und hält einen gut gefüllten Spritzbeutel in der Rechten. Signor Rosciglione steht neben ihr und lauscht vorerst nur der Musik.

Und dann kommt ein wunderbarer Moment, denn er sagt: »Hören Sie? Es ist Frühling, das ist der Frühling. Ganz Sizilien blüht. Hören Sie das Blühen? Die Erde und der Himmel summen vor Glück, das ist das Frühlingssummen.« Ich höre zu, und Signor Rosciglione hat recht: Diese Musik summt den Frühling Siziliens, das Blühen seiner Bäume und Sträucher, die im Frühling sanfter werdende Schwere der Landschaft, den weißblauen Duft ihrer Atmosphären – genau das ist es. »Kennen Sie diese Musik?«, fragt Signor Rosciglione, und ich sage »ja«, aber ich sage auch, dass ich nicht genau weiß, wer sie komponiert hat. »Schön, dass Sie diese Musik kennen, das freut mich«, sagt Signor Rosciglione und schaut mich ernst an, und dann erklärt er mir, dass es sich um das berühmte Orchester-*Intermezzo* aus Pietro Mascagnis Oper *Cavalleria rusticana* handelt.

Da aber erinnere ich mich sofort, denn diese Oper spielt an einem Ostermorgen, irgendwo draußen, auf dem sizilianischen Land. Das Volk trifft sich vor der Kirche und geht dann zum Ostergottesdienst auch hinein, und später gibt es gewaltigen Ärger und Streit und einen Mord, aber jetzt, im Moment des *Intermezzo,* gibt es nur dieses stille und unglaublich melodiöse Ein- und Ausatmen der Streicher, ein Schwelgen im Stillstand, ein Auf-der-Stelle-Schwelgen, wirklich unglaublich. Es zieht einen mit sich fort, man kann an gar nichts anderes mehr denken, man versinkt völlig in diesem Auf und Ab des Vor-sich-hin-Summens, als summten alle: die Natur, die Erde, der Himmel, die Menschen in diesem Moment ein und dasselbe. »Diese Musik – das ist die Musik der *Dolci*, verstehen Sie?«, sagt Signor Rosciglione. Ich höre es, und ich verstehe genau, was er meint. Diese Musik summt den sizilianischen Frühling und schmeckt die sizilianischen *Dolci*, diese Musik ist die große sizilianische Atmosphären-Musik, eine Musik, die ohne Worte – ganz aus sich heraus – beweist, dass in Sizilien, wie die Dichter sagen würden, »recht eigentlich gelebt« wird.

Etwa fünf Minuten dauert Mascagnis *Intermezzo*. Und als sei dieses *Intermezzo* auch das unserer Arbeit, stehen wir drei vollkommen still und hören zu. Danach aber öffnet Signora Rosciglione eine große Kiste, in der sich Hunderte der hellbraunen und bereits frittierten Teigrollen befinden, die gleichsam die Außenhaut der *Cannoli* darstellen. Ihr Teig besteht aus Mehl, Kakao, Butter, Zucker, Milch und etwas Marsala. Er wird nach seinem Aufgehen auf schmale Blechhülsen gepresst und in dieser Form in heißem Öl frittiert. Später trennt man die Teigrollen vorsichtig wieder von den Hülsen und füllt sie mit einer sehr feinen und vor allem frischen Creme, die aus Ricotta, Pistazien, kandierten Früchten und dünnen Schokoladensplittern besteht. Und genau diese Creme wird dann mit Hilfe eines Spritzbeutels vorsichtig in die noch leeren, aber bereits frittierten Teigrollen gefüllt.

Signora Rosciglione nimmt ein Röllchen nach dem andern aus der Kiste, hält es in der Linken und füllt es mit der Ricotta-Substanz aus dem Spritzbeutel in der Rechten. Im *Laboratorio* ist es nun vollkommen still, und wir drei sind Zeugen einer heiligen Handlung. Die gefüllten Röllchen kommen nebeneinander auf ein kleines Tablett, sie liegen da wie winzige Wunderwerke, die eigentlich gar nicht für den Verzehr bestimmt sind, sondern nur dafür, ein derartiges Bild abzugeben: das Bild einer edlen Truppe, innerhalb derer sich niemand hervortut und alle Mitglieder nur darauf versessen sind, ein geradezu ideales farbliches Orchester abzugeben: Das Goldbraun der leicht krustigen Teigrollen, das helle, bunt gesprenkelte Weiß der Füllung!

Und als sei das alles noch nicht genug, hebt Signor Rosciglione nach längerer, stummer Betrachtung des sich immer mehr komplettierenden Bildes den Puderzucker-Streuer in seiner Rechten und streut – unendlich behutsam und nachdenklich – über die frisch aufmarschierte Schar einen dünnen Schnee. Die noch nicht ganz fertigen *Cannoli* scheinen kurz zusammenzuzucken, dann aber strecken sie sich wieder, atmen durch und haben zu ihrer Vollendung gefunden. Satt, erlesen und friedlich liegen sie da, und Signor Rosciglione packt eine kleine Flotte von ihnen für mich ein, während wir alle zusammen noch einmal das berühmte *Intermezzo* von Pietro Mascagni hören.

»Anders als fast alle anderen *Dolci* sind die *Cannoli* außen stark knusprig und innen überaus sanft und weich. Sie haben etwas Feminines und etwas Maskulines, sie sind beides zugleich, verstehen Sie?«, fragt Signor Rosciglione. »Und anders als fast alle anderen *Dolci* präsentieren sie eine große Palette von Farben – das aber äußerst zurückhaltend, ja geradezu bescheiden. Erst auf der Zunge vereinigen sich die frittierten Teigsubstanzen mit der weichen Creme, es ist ein wirklich erotischer

Vorgang. Wegen all dieser Andersartigkeiten liebe ich die *Cannoli*«, sagt Signor Rosciglione noch weiter, und dann bedanke ich mich und gebe seiner Frau und ihm zum Abschied die Hand.

»Was haben Sie denn da in der Tüte?«, fragt Signor Rosciglione beim Hinausgehen noch hinter mir her, »haben Sie auf unserem Markt etwas Interessantes gefunden?« Ich warte einen Moment, dann öffne ich die Tüte und nehme die beiden CDs heraus. »Schauen Sie, das *Intermezzo* von Mascagni«, antworte ich, »ich habe es gerade, vor kaum einer Stunde, auf Ihrem schönen Markt gekauft.« Signor Rosciglione nimmt die CD in die Hand und mustert sie. Dann schüttelt er nur noch den Kopf, gibt die CD zurück und umarmt mich.

Das Ende eines großen Traums

Ich habe es in dem Musikinternat, für dessen Besuch mein Lehrer Erich Forneberg so heftig votiert hatte, nicht lange ausgehalten. Stattdessen bin ich wieder nach Hause und zum früheren Unterricht zurückgekehrt und habe in der Zeit bis zum Abitur weiter gute Fortschritte gemacht. Nach diesem schulischen Abschluss bin ich nach Rom aufgebrochen und habe mich dort um ein Stipendium am römischen Conservatorio beworben.

Ich hatte Glück und erhielt in der Tat ein solches Stipendium, womit die bis dahin schönsten Monate meines Lebens begannen. Täglich einige Stunden Klavier zu üben und in den übrigen Stunden Rom kennenzulernen, das war zum damaligen Zeitpunkt die Erfüllung eines großen Traums. Mit vielen anderen Schülerinnen und Schülern des Conservatorio schloss ich rasch Freundschaft und fühlte mich zum ersten Mal wohl in einem Kreis von ähn-

lich Gesinnten, deren wichtigster Lebensinhalt die Musik war.

Das Verhängnis begann damit, dass meine bisherige Klaviertechnik von einem meiner neuen Lehrer beanstandet wurde. Er wollte mir eine ganz andere Technik beibringen, die am Conservatorio eine lange Tradition hatte und bis auf die Tage von Franz Liszt zurückreichte. Liszt hatte zu seiner Zeit in Rom eine bedeutende pianistische Schule begründet und dieser Schule auch ein ausgefeiltes technisches Programm mit auf den Weg gegeben. Nach diesem Programm wurde am Conservatorio vor allem unterrichtet, und es war die radikale Umstellung darauf, die mir dann zum Verhängnis wurde.

Völlig unerwartet bekam ich starke Schmerzen im Arm und in den Händen. Zunächst wollte ich nicht wahrhaben, dass es sich um etwas sehr Ernstes handelte. Dann aber nahm die Krankengeschichte ihren Lauf – und sie führte an ihrem Ende dazu, dass ich meinen großen Lebenstraum – den, ein guter Pianist zu werden – aufgeben musste.

Erste Vorzeichen bemerkte ich beim nachmittäglichen Üben in einem der Überäume, es war ein plötzlicher, stechender Schmerz im rechten Handgelenk und im Unterarm, ich dachte zunächst an eine Verspannung oder eine Verrenkung und kühlte die Hand unter kaltem, fließendem Wasser. Als ich danach weiterspielte, rötete sie sich schnell und schwoll oberhalb des Handgelenkknochens an, ich blickte entnervt auf das, was ich da sah, ich empfand es als lästige Störung und dachte allen Ernstes, es könne sich um einen Insektenstich oder etwas ähnlich Harmloses handeln.

Als ich mich wenig später mit Clara traf und ihr das geschwollene Handgelenk zeigte, wusste sie sofort, dass es sich um eine Sehnenscheidenentzündung handeln musste. Sie kannte das Leiden von einer Kommilitonin, die nach einem Stenografiekurs eine solche Entzündung bekommen hatte und niemals richtig davon geheilt wurde. Ich hörte mir an, was sie sagte, und ich sah, wie aufgeregt sie mit einem Mal war. *Johannes, das kann das Ende Deines Klavierspiels bedeuten,* sagte sie hastig und sichtlich nervös, *Johannes, das ist eine sehr schlimme Geschichte!*

Und ich? Ich nahm die angeblich schlimme Geschichte nicht ernst, nein, ich suchte nicht einmal eine Apotheke auf, um mir ein schmerzlinderndes Mittel zu beschaffen. Dabei brannte die Hand noch an demselben Abend abscheulich, es war ein bohrender, intensiver Schmerz, der starke Kopfschmerzen hervorrief und sich auch auf andere Partien des Körpers ausdehnte.

Ich aber wollte nicht glauben, dass ausgerechnet mir so etwas zustoßen konnte, nein, ich hielt mich für unverletzbar, weil mein ganzes bisheriges Leben ja aus fast nichts anderem als dem Klavierspiel bestanden hatte. Wenn ich nicht mehr Klavier spielen konnte, war alles aus, es durfte aber nicht alles aus sein, nein, auf keinen Fall, selbstverständlich nicht…, und weil alles nicht aus sein durfte, durfte ich auch nicht krank sein, auf keinen Fall…

In der ersten Nacht nach Claras Diagnose konnte ich nicht schlafen. Ich lag in meinem Bett und kühlte die entzündete Hand mit etwas Eis. Es half aber nicht, der Schmerz ließ nicht nach, nur die Rötung und die Schwellung gingen ein wenig zurück.

Am nächsten Morgen jedoch sprach ich davon, dass das Schlimmste vorbei sei, auch die Schmerzen, behauptete ich, seien zurückgegangen, alles sei nicht mehr der Rede wert, ich würde wieder üben, so wie bisher, so wie immer. Clara hatte inzwischen einen Arzttermin für mich vereinbart, ich aber tat, als wäre bereits alles vorüber, ja, als brauchte man über das Thema nicht mehr zu reden.

Als ich am Nachmittag wieder in meinem Übe-raum saß, zuckte ich schon nach den ersten Akkor-den zusammen. Jetzt nämlich war es nicht nur so, dass der stechende Schmerz sich sofort meldete, nein, ich konnte nicht einmal mehr richtig die Tas-ten anschlagen, sondern brachte nur noch einen schwachen und darüber hinaus noch elend ver-rutschten Akkord hervor. Wenn das so war, musste ich härtere Mittel anwenden!

Ich verließ das Zimmer und suchte eine Apo-theke auf, ich tat, als hätte ich den Fuß verstaucht und deshalb schlimme Schmerzen, man gab mir ein starkes schmerzlinderndes Mittel, und ich nahm die dreifache Menge von dem, was mir der Apotheker geraten hatte. *Wann ist der Schmerz denn vorbei?*, hatte ich ihn gefragt, und er hatte von einer Stunde gesprochen. Also setzte ich mich in ein Café und wartete eine Stunde, der Schmerz musste jetzt nachlassen, ja er musste verschwin-den, ich redete mir das immer wieder ein.

Nach einer Stunde glaubte ich wahrhaftig, kaum noch etwas zu spüren, na bitte, dieser Schmerz war wohl wie ein Fieber, er flog einen an und ließ sich genau so schnell wieder vertreiben, so dachte ich. Oben in meinem Überaum sah alles nach wenigen Minuten aber anders aus.

Ich hatte so geübt, wie ich immer geübt hatte, ich hatte mir keine Schonung auferlegt, und prompt bekam ich dafür die Quittung. Der Schmerz wurde so stark, dass ich aufstand und ans Waschbecken floh, ich drehte den Wasserhahn auf, ich kühlte wieder die Hand, ich nahm einen Schluck Wasser, und plötzlich erbrach ich mich heftig, zwei-, dreimal, in starken Schüben.

Ich habe nie in meinem Leben eine stärkere Panik erlebt als in diesem Moment, es war der Moment, in dem ich alles verloren sah. Ich verließ sofort wieder den Raum und telefonierte mit Clara, ich bat sie, den Arzttermin nun doch zu bestätigen, denn ich wollte jetzt sofortige Gewissheit.

Kaum zwei Stunden später erklärte mir ein Arzt in einer kleinen Praxis in der Nähe des Corso, dass eine schwere Sehnenscheidenentzündung vorliege, der Arm sofort geschient werden müsse und ein Spielverbot für mindestens drei Monate einzuhalten sei. Die Schiene wurde gleich angelegt und der Arm dick verbunden, am Schluss meines Besuchs fragte ich, ob dies das Ende meiner pianistischen Ausbildung sei, und der Arzt antwortete, ja, das könne durchaus das Ende sein.

Ich erzählte das Ganze dann Clara, die auf mich gewartet hatte, dabei gelang es mir, einigermaßen ruhig zu bleiben, die Erkrankung war noch nicht eingedrungen in mich, ich hielt sie noch weg von mir. Den weiteren Abend streunte ich mit Clara umher, wir kauften uns wie zur Beruhigung eine große Flasche Weißwein aus den *Castelli Romani*, und wir begannen, sie auf der Tiberinsel langsam zu leeren.

Der Wein half. Eigentlich durfte ich wegen der Schmerzmittel gar keinen Wein trinken, als ich aber spürte, wie beruhigend er wirkte und wie sich langsam eine gewisse Trance einstellte, wollte ich davon mehr. Clara trank nicht mehr mit, als ich eine zweite Flasche kaufte, wir saßen nebeneinander auf einer Treppe der Inselanlagen und starrten auf den vorbeifließenden Tiber, ich erinnere

mich nicht mehr, was ich damals zusammenge-
redet habe, jedenfalls glaubte ich nach der großen
Menge Wein, dass ich gerettet und der Schmerz
bereits verschwunden sei.

Ich riss den Verband und die Schiene herunter,
triumphierend versuchte ich Clara zu beweisen,
dass ich es geschafft hatte, ich bewegte meine Finger, als spielte ich, und ich setzte mich auf den
Steinboden, um mit beiden Händen auf dem Boden zu trommeln …

Das war der Anfang meines Kampfes mit der
Krankheit, und es war ein Anfang, der geradezu
typisch war für alles, was danach noch kam. Denn
von nun an bestand mein Leben nur noch aus
Gängen zum Arzt, aus Einnehmen von starken
Medikamenten und aus verordneten und nicht
eingehaltenen Zwangspausen. Nach jeder dieser
Pausen war mein Spiel nicht mehr wiederzuerken-
nen, Stück für Stück verlor ich meine Fähigkeiten,
bis es schließlich so weit kam, dass mir jegliches
Klavierspiel für ein ganzes Jahr untersagt wurde …

Ich stand noch immer im Überaum des Conservatorio und lehnte mich ein wenig aus dem Fens-

ter. In einem dieser Räume hatte mein Abstieg begonnen, der schließlich zum Ende meiner Karriere geführt hatte. Eine Zeitlang hatte ich noch gegen den Schmerz angespielt, doch da hatte Clara mich bereits nicht mehr vom Conservatorio abgeholt. Die Tage, an denen ich auf die Straße geschaut und mein Herz bei jedem Anblick ihrer schönen Erscheinung einen kleinen Sprung gemacht hatte, waren vorbei.

Stattdessen trafen wir uns in der Stadt und verbrachten ein paar Stunden in einer ruhelosen Anspannung. Wir sprachen nicht von der Zukunft, wir erwähnten die Krankheit so wenig wie möglich, doch wir spürten immer deutlicher, dass unsere Treffen nicht mehr so leicht verliefen wie früher.

Ich war nicht nur unzufrieden, nein, ich war verzweifelt, vermied jedoch weiter um jeden Preis, von dieser Verzweiflung zu sprechen. Von Tag zu Tag empfand ich eine stärkere Leere, gegen die immer schwerer anzukommen war. Ich wurde wortkarg, ich saß stundenlang in der Nähe des Conservatorio, ich hörte meine früheren Kommilitonen üben und brach in Tränen aus, wenn ich hören musste, wie einem von ihnen eine besonders schwierige Stelle perfekt gelang.

Der Musikschriftsteller 1

Ich habe lange Zeit gebraucht, bis ich die Enttäuschung über das Ende meiner pianistischen Laufbahn überwunden hatte. Und ich habe mindestens ebenso lange nach einem Ersatz für das Klavierspiel gesucht, der mir ermöglichte, weiter eng mit der Musik zu leben. Erst sehr langsam sind dabei jene kreativen Prozesse entstanden, die es mir erlaubten, mich der Musik weiter nahe zu fühlen und viele ihrer intensiven Wirkungen auf andere, neue Weise zu erfahren.

Der erste Schritt bestand darin, dass ich mit einem musikwissenschaftlichen Studium begann. Der zweite, viel wichtigere, führte dazu, dass ich für eine Tageszeitung Konzertkritiken schrieb. Und der dritte, entscheidende, ließ mich schließlich »über Musik schreiben«.

Das erste Buch, in dem ich das relativ unbekümmert wagte, war ein Buch über Mozart. Und was

interoessierte mich an ihm? Zunächst, wie die Musik
sein Leben geprägt und bestimmt hatte! Dann, wie
er für sich selbst (und damit auf sehr eigene Weise)
eine Sprache gefunden hatte, die auf Noten und
Klänge antwortete!

Und so stürzte ich mich in eine Darstellung die-
ses Verhältnisses und begann mit dem Bild des mu-
sizierenden Kindes. Ich wusste, wovon ich schrieb,
ja, ich hatte sogar das Gefühl, ein kleiner Teil mei-
nes Selbst bewege sich im Hintergrund der emphati-
schen ersten Seite des Buches »Mozart – Im Innern
seiner Sprachen«.

Mozart, das Kind: Musik schafft die einzige Ku-
lisse, in die sein Bild gehört. Nichts darüber hinaus, an Takten wird seine Kindheit gemessen, an
eingeübten Stücken und Proben, an Stunden am
Klavier und mit der Violine.

Im Notenbuch der Schwester fixiert Leopold
die Leistungen, Aufgaben, die es spielend bewältigt. Spielend – das meint: willig, scheinbar ohne
Anstrengung, nicht Opfer einer Erziehung, sondern einer Affektion.

Diese bereitet sich aus, und ihr Panorama bilden die Reisen, mit denen der Vater schrittweise beginnt. Zuerst, zur Probe, nach München, dann nach Wien, zum Kaiserhof, dann nach Paris.

Auf diesen Reisen entlädt sich die Affektion wie eine Krankheit, eine Seuche. Die Reisen hinterlassen die sichtbarsten Spuren, setzen Menschen, die das Kind spielen hören, in Verzückung. Wolfgang, infiziert von den Tönen und angezogen von den Instrumenten– den Orgeln, Klavieren und Violinen –, plötzlich gestaltend, was die von überallher zusammenlaufenden Menschen erwarten: das Heilige als Schrecken, das Unantastbare als Gewalt, nicht frei von Dämonie.

Der Musikschriftsteller 2

Nach dem Buch »Mozart –Im Innern seiner Spra-
chen« habe ich im Laufe der Jahre noch zwei weitere
Bücher über Mozart geschrieben. Das zweite (»Das
Glück der Musik. Vom Vergnügen, Mozart zu hö-
ren«) beschäftigte sich mit den Hörerlebnissen Mo-
zartscher Musik. Im dritten Buch aber näherte ich
mich diesem großen Komponisten noch um eine
Spur direkter. Ich schrieb einen historischen Roman,
in dem ich ihn musizierend, komponierend, redend
und handelnd auftreten ließ.

Die Idee zu diesem Roman war während eines
Prag-Aufenthaltes entstanden. Dort hatte ich (zu-
nächst eher zufällig) all jene Orte und Räume be-
sucht, in denen sich auch Mozart in Prag aufge-
halten hatte. 1787 war dort sogar seine Oper »Don
Giovanni« uraufgeführt worden. Mozart hatte da-
mals – zusammen mit seiner Frau Constanze – in
einem Prager Hotel nahe dem Ständetheater (dem

Uraufführungsort der Oper) gewohnt. Sein Text-
dichter Lorenzo da Ponte hatte direkt gegenüber
Quartier bezogen, und nicht weit von den beiden
entfernt, hatte sich damals auch Giacomo Casanova
in Prag eingefunden.

Während meiner Pragaufenthalte rekonstruierte
ich Stück für Stück die spannende Entstehungsge-
schichte der Oper. Und ich begriff, welchen Anteil
jeder der drei Männer und welchen (noch entschei-
denderen) die Frauen in Mozarts Umgebung an die-
ser Entstehung gehabt hatten.

Eine bestimmte Szene des Romans liebe ich be-
sonders. Es ist jene, in der Mozart dem Prager Trei-
ben in der Nacht nach einer Orchesterprobe entflieht
und unbemerkt in ein Weinlokal nahe der Moldau
einkehrt. In dieser Szene und diesen Momenten war
er allein, ich hatte ihn gleichsam »für mich«, und ich
konnte ihm zuschauen und zuhören, wie sein Emp-
finden und Denken in Bewegung geriet.

Bis tief in die Nacht hatte er mit den Sängerinnen
geprobt, und Luigi, ja doch, dem hatte er nach langem Drängen wahrhaftig eine weitere Arie verspro-
chen, etwas Kleines im zweiten Akt, eine Art Ständ-

chen, mit der Gitarre vielleicht, unter dem Fenster einer Schönen! Das würde ins Ohr gehen, ein einfaches, wirkungsvolles Lied zum Nachsummen, Luigi hatte ihm dieses Ständchen schmackhaft gemacht, und jetzt sah er die kleine Szene schon im Geiste vor sich, der schöne Luigi, auf den in einem solchen Moment die Operngucker der Damen gerichtet waren, das halbe Theater ein einziger Blick und dazu ein unendlich nachgebender, sich in die Ohren bettender Gesang, der, vielleicht, wenn es gelang, da Pontes Gestammel überdecken würde!

Mit dem Versprechen für Luigi hatte er aber nun wiederum Teresa gekränkt, die die Arien der Zerlina viel ansprechender fand, viel Herz sei darin, hatte sie spitz gesagt, viel Wärme und viel Gefühl, ganz im Gegensatz zu den Arien, die ihr, der Donna Anna, zugeteilt seien! Sie hatte ja recht, die Donna Anna war eine undankbare Rolle, die Rolle einer ewig Gekränkten, die den Tod des Vaters nie überwand und den Verlobten wie einen Kasperl hinter sich herdirigierte, undankbar, zweifellos, dafür aber hatte sie den ersten großen Auftritt gleich zu Beginn, der blieb haften, der fuhr wie ein Stich in das Herz!

Und diese Schärfe, dieses Gekränktsein – wer

hätte es besser spielen können als Teresa Saporiti, die ja selbst eine ewig Gekränkte war und die Männer auf Distanz hielt, alle Männer, ausnahmslos, selbst Luigi, der am meisten zu spüren bekam, wie sie es verstand, Männer zu übersehen! Arien gelangen am besten, wenn man sich die passenden Sängerinnen dazu vorstellte, sehr genau, ihre Bewegungen, ihre Eigenarten. Und dann schlüpfte die Musik hinein in ihre Seelen und brachte sie langsam zum Klingeln! Das war die Kunst, man musste die Arien zuschreiben auf diese Menschen, und wenn es gelang, triumphierten die Töne über alle beschreibenden Worte!

Er stand still, jetzt, so spät, war niemand mehr im Theater zu hören. Rasch noch ein Blick aus dem Fenster. Ah doch, dort unten, vor dem Eingang, stand noch eine wartende Gruppe, jemand spielte auf der Mandoline, sie warteten also auf ihn, um mit ihm in ein Gasthaus zu ziehen. Aber nein, genug, heute nicht! Er hatte den ganzen Vormittag und vom frühen Abend bis in die Nacht geprobt, ganz zu schweigen von den Unterhaltungen, Guardasonis Geschwätz, er war um Regieeinfälle verlegen, da Pontes Silbenzählerei, er ließ sich nicht dazu bewegen, nur ein Wort zu kürzen, nein, er wollte sich nicht mehr unterhalten, er wollte allein sein, ganz allein. Constanze würde längst schlafen, sie war es gewohnt, dass er erst tief in der Nacht zu ihr kam, stille-stille, auf Zehenspitzen, so müde, dass er oft noch in der Kleidung neben ihr einschlief.

Er legte die Perücke ab und zog den armseligen grauen Rock an – jetzt erkannte ihn niemand mehr. Horchen! Stille-stille! Langsam ging er die schmale, gewundene Treppe zum Hinterausgang hinab. Das dunkle Prag! Wie heimlichtuerisch war doch diese Stadt! Diese Treppchen und Innenhöfe, all die verschwiegenen Zonen, und die Menschen, so inwärts gekehrt, als beherrsche die thronende Burg dort oben auf dem Hradschin selbst noch ihre Träume! Jetzt, los! Niemand hatte etwas bemerkt, nun musste er sich eilen, durch die kleinen, gewundenen Gassen, am besten hinunter zur Moldau und hinüber aufs andere Ufer, auf die Kleinseite. Er liebte die Kleinseite, sie war das schlafende Hirn der Stadt, unter dem drohenden Burgkopf, ein Traum-Terrain, während die Altstadt auf der andern Seite das Herz war, das aufgeregt klopfende Herz, mit der weit aufklaffenden Wunde des Altstädter Haupt-Platzes!

Er überquerte die Karlsbrücke, seltsam, über die Brücke lief er meist besonders geschwind, er wollte gerade auf ihr nicht stehenbleiben wie viele Müßiggänger, die sich mit dem Rücken gegen die Brüstung lehnten und stundenlang zwischen den Brückenfiguren verharrten, selbst erstarrt, nein, irgend etwas trieb ihn geradezu über diese Brücke, sodass er erst aufatmete, wenn er drüben, auf der anderen Seite war, eine Treppe hinab, ein ovaler Platz, die Moldauwiesen und versteckt, nahe am Fluss, das kleine Lokal. Wie immer setzte er sich an einen Ecktisch und bestellte ein Glas Wein. Man kannte ihn hier, man hielt ihn für einen Kopisten, und gerade das war ihm recht, nicht mehr beachtet zu werden, zwischen all diesen ruhig trinkenden Menschen zu sitzen, bis er ihre Gespräche kaum noch wahrnahm und im Hintergrund das feine Rauschen des Moldauwehrs zu hören war, ein summendes Rauschen, ein einziges, aus der Tiefe aufsteigendes Kreisen.

In die Nacht horchen, still sitzen. Manchmal stieg in solchen Momenten die Trauer heiß in ihm auf und ließ ihn erstarren. Kaum fünf Monate war der Vater jetzt tot, die Schwester war in den letzten Tagen bei ihm gewesen, er nicht, nein, selbst zur Beerdigung war er nicht erschienen. Er hatte nichts sagen können zu diesem Tod, und er hatte nicht einmal eine Träne geweint. Das Schmerzhafteste, wusste er ja, hinterließ keine Tränen, selbst beim Tod der liebsten Mutter hatte er keine Träne geweint, nichts da, keine Tränen. Die hatte er aber vergossen, als sein kleiner Vogel gestorben war, kaum eine Woche nach des Herrn Vaters Tod, da hatte er wegen eines winzigen Stars Tränen geweint. Statt um den Vater zu trauern, hatte er mit der Komposition der Oper begonnen, aber das Ganze war nicht in Bewegung geraten, seltsam, nicht in Bewegung, nicht im Fluss, so dass er es gleich wieder zur Seite gelegt hatte, um andere Sachen zu schreiben, ein Quintett, einen musikalischen Spaß, ja, sogar so etwas, weil es ihn ablenkte und nicht an die Oper erinnerte und erst recht nicht an Vaters Tod.

Jetzt aber drängte es, er durfte an diesen Tod nicht einmal mehr denken, nein, nur die Oper musste bedacht werden, die Oper war das Gebot und nicht der Tod. Nur an die Schwester – an die durfte und musste er denken, zum Beispiel jetzt, bei einem Glas Wein, da dachte er an sie, Maria Anna, die Schwester, und es wäre gut gewesen, sie jetzt zu sehen, es hätte des Vaters Tod begreiflicher gemacht, so dass er vielleicht Ruhe gefunden hätte, jetzt, für die Oper.

Horchen, trinken, warten, noch ein Glas bestellen. Es half nichts, in den kommenden Tagen musste er hinaus in Josephas Landhaus, vielleicht konnte er diese Ausfahrt eine Weile vor Constanze geheimhalten, das gehörte sich zwar nicht, aber manchmal ließ es sich eben nicht vermeiden. In der Früh würde er die Kutsche nehmen und nachts zurückkehren, eine passende Ausrede fiele ihm schon ein. Wenn das nur nicht zu Geschichten führte, er hasste Geschichten und Klatsch, das war die Sache derer, die Zeit hatten, ihre Zeit zu vertun, die alles drehten und wendeten und sich an jede Kleinigkeit hängten und denen die Welt nie gefallen wollte.

Komm, reich mir die Hand … – das hatte Luigi heute so gut gesungen, dass er, als der Komponist dieser Töne gewordenen Zartheit, selbst still geworden war, als hätten die eigenen Klänge etwas Fremdes bekommen, eine Ferne. Da Ponte hatte es nicht einmal bemerkt, nichts, dieses eine Mal stimmte Wort für Wort, jede Silbe, und gerade da hatte er begonnen, die Worte umzuschreiben und zu versetzen. Reich mir die Hand... – die Töne machten den Schlag des Herzens mit, dann war es gut, dann musste man nur noch horchen auf dieses Schlagen und es nicht zerstören, gebannt und erstarrt das klopfende Herz schlagen hören, nicht zerstören. Reich mir die Hand... – und wie durch einen dummen Zufall war das Bild der Schwester entstanden, in Kindertagen hatte er oft scherzhaft dieses ›reich mir die Hand‹ zu ihr gesagt, und während Luigi gesungen hatte, hatte ein Winziges in ihm hinüber gewollt in diese Tage der Kindheit, die angelockt worden waren vom Bildnis der Schwester, zu dem sich das Bildnis der Mutter und das des Vaters gesellt hatten, wie auf dem großen Ölbild vor vielen Jahren, auf dem er neben der Schwester saß, am Klavier, und der Herr Vater mit der Violine dabeistand, die Violine aufs Klavier stützend, während die Mutter nur im Medaillon an der Wand zu sehen war, als ferne Verstorbene, nur im Medaillon.

Und dieses Winzige, schwache Zurück... – das hatte ihn, reich mir die Hand, plötzlich unsicher gemacht, nahe den Tränen, vor denen ihn nur ein Blick auf da Ponte bewahrt hatte, der begonnen hatte, sich die Pfeife zu stopfen, mitten in diesen Gesang hinein, sich die Pfeife zu stopfen. Morgen früh würde er es Constanze vorspielen, schau, würde er sagen, und er würde es spielen, um das Zurück zu bekämpfen und ihm den Garaus zu machen, schau, würde er sagen, so hat sich da Ponte die Pfeife gestopft, da sang Luigi ›reich mir die Hand‹, während da Ponte dem Theaterbuben zuflüsterte ›lauf hinaus, hol mir Tabak‹, so ein blöder, unersättlicher Hund ist Signor da Ponte, liebste Constanze, dass er nicht einmal merken würde, wenn der Himmel sich öffnete und eine Stimme zu ihm spräche ›Da Ponte, nun hat Dein Stündlein geschlagen!‹, nein, er würde nur nach dem Theaterbuben schicken und flüstern ›lauf, hol mir Tabak‹, aber da wäre nichts mehr, kein Tabak, sondern das Nichts, und das Nichts wäre das Dunkel, und in diesem Dunkel des Todes würde man Herrn da Ponte in die Hölle fahren sehen, um sich dort Feuer zu holen, für seinen Tabak, für den Tabak.

Musik beim Schreiben

Meine Verbindung zur Musik ist zwar nicht mehr die in der Kindheit erträumte, sie besteht aber weiterhin in einem extremen Maß. So höre ich während meiner schriftstellerischen Arbeit viel Musik, so begleiten mich alte und neue Stücke auch unterwegs und auf Reisen, und so schreibe ich viel über Musik, nicht unbedingt, um es zu veröffentlichen, sondern eher zu meinem eigenen Vergnügen.

Jeder Schreibtag beginnt früh am Morgen mit dem Ritual des Musikhörens, der Schreibraum füllt sich allmählich mit Klängen, und sorgfältig ausgewählte Musikstücke folgen dann aufeinander und begleiten und stützen das Schreiben.

Wie am Klavier kommen dann die Finger zum Einsatz – das ist die banalste Ähnlichkeit. Anstatt aber Töne hervorzubringen, bringen sie jetzt Texte hervor, die wie Musik gedacht sind. Und wie beim Musikhören erlebe ich klangliche Höhen und Tiefen sowie unterschiedliche Tempi, und ich erkenne Helles und Dunkles, Monochromes und Farbiges. So erhalte ich mir beim Schreiben die Illusion, mit Worten und Sätzen Musik zu machen. Und so gehe ich mit meinen Texten auf Reisen und zu Lesungen, um diese Wortmusik so vorzutragen, wie ich früher Stücke auf dem Klavier vortrug.

Solche »Ersatzhandlungen« halten mich jetzt am Leben. Wenn ich ehrlich bin, kann ich nicht behaupten, dass sie mir das Klavierspiel wirklich komplett ersetzen. Aber auch sie machen mir große Freude und führen im besten Fall dazu, dass ich mich nach einer Lesung auf einer Bühne ähnlich verbeuge, wie ich mich früher als Pianist verbeugt habe. Das »Spiel« ist also keineswegs zu Ende, es hat nur andere Konturen angenommen. Mit denen ich aber durchaus leben kann, und das sogar manchmal begeistert.

Es ist nicht leicht, mit Musik in den Morgen zu finden. Manchmal lasse ich die Fenster im Wohnhaus auch einfach geöffnet und überlasse alles weitere den vielen Vögeln und ihren Stimmen. Auf keinen Fall möchte ich von unerwarteter oder aufdringlicher Musik überrascht werden. Also: kein Radio, keine CD, vorerst rein gar nichts! Musik ist etwas Gewaltiges, das den Raum und die eigene Stimmung stark prägt. Also muss ich mich hüten, mich schon in der Frühe beliebigen Klängen auszusetzen. Stattdessen sollte sich die Musik, die ich höre, darauf beziehen, was ich gerade tue. Sie sollte mich begleiten, nicht prägen, ich möchte sie »nebenbei« hören, als Animation oder als atmosphärische Füllung (und damit als Konstante) eines sonst enervierend stillen Raums.

Wenn ich später an meinem Schreibtisch im Arbeitszimmer Platz nehme, beginne ich den Tag fast immer mit gregorianischen Chorälen. Es ist die älteste, aber auch einfachste Musik des christlichen Raums, und im Grunde ist sie nichts anderes als ein langsam vor sich hinschreitendes Beten, in eine schlichte auf- und absteigende, aber niemals ausgreifende Tonfolge gefasst. Der Text ist lateinisch, und die Mönche, die den Gesang vortragen, singen unisono. Nur manchmal tritt eine einzelne Stimme hervor, aber nicht mit der Attitüde eines Solisten, sondern mit der Repräsentanz eines Vorbeters.

Sie schließt eine Litanei ab, sie eröffnet die

nächste, sie ist der Rahmen, in dem sich das gemeinschaftliche, wunderbar simpel aufeinander abgestimmte Singen der (oft wenigen) Mönche vollzieht. Ein Klangraum fast ohne Bewegung! Keine besondere Dynamik! Keine exaltierte Melodik! Nicht einmal eine starke rhythmische Komponente. Sondern nur ein andeutendes, gesangliches Sprechen, Flüstern, in die Stille Abtauchen und aus ihr wieder Emporfinden. Als strömte das alles aus den Fugen einer großen, in sich ruhenden Basilika, als ihre geheimnisvolle Ausdünstung, ihr Atem, ihr klangliches Gleichgewicht, das die starken Säulen umspielt.

War ich irgendwo in der Fremde und fühlte mich dort nicht sehr wohl, habe ich oft eine Kirche und einen Gottesdienst aufgesucht, in dem gregorianische Choräle zu hören waren. Und fast immer erlebte ich diesen Gesang als die reinste Medizin. Ich hörte Musik, die ich ganz früh, noch in der Kindheit, immer wieder gehört hatte, und ich hörte Tonfolgen, die mir den eigenen Mund öffneten, damit ich sie mitflüsterte oder mitsprach (mitsingen wäre zuviel gewesen). Damit verbunden war oft ein Moment stärkster Rührung, als öffnete sich mein (zuvor noch verschlossener oder steif gewordener) Körper wieder der Welt, als nähme er mit der Umgebung endlich Kontakt auf und als erwiderte die Umgebung diese Bereitschaft mit einer unaufdringlichen Zuneigung.

Nicht selten überfiel mich im Verlauf einer Andacht oder Messe dann auch das *Salve Regina, mater misericordiae (Sei gegrüßt, o Königin/Mutter der Barmherzigkeit)*, ein Gesang, den ich mein Leben lang bis heute unendlich geliebt habe. Woher aber kam oder kommt diese Liebe? Was ist damit? Nach den vielen an Gott gerichteten Gesängen und Gebeten tritt dieser Text für einen Moment zur Seite und wendet sich an die Gottesmutter Maria. Die Zuwendung vermenschlicht sich, sie wird weniger dramatisch, preisend oder dankend, sondern eher hilfloser und damit noch um einige Momente intensiver. Zu Dir, Maria, seufzen wir, an Dich wenden wir uns … – das geht so zu Herzen, weil es das eigene Elend und die eigene Armseligkeit eingesteht.

Wunderschön dann die letzte, aus dem sonstigen Sprechen etwas herausfallende (weil immer direkter und intensiver werdende) Zeile, ein Ausdruck extremer Suche nach Zuwendung, eine Formel der letzten Hoffnungen und der puren, nicht mehr verkleideten oder geschmückten Ansprache (nach der alles abbricht, aufhört, kein Wort mehr möglich ist): *O clemens, o pia, o dulcis Virgo Maria (O gütige, o milde, o süße Jungfrau Maria)*. Aus. Ende. Stille. Schweigen. (Und die Empfindung, es hätte gerade noch zu dieser bescheidenen Anrufung gereicht, bevor einem die Worte von selbst ausgegangen wären.)

Manchmal blieb ich danach nicht mehr in der Kirche, sondern musste hinaus. Ich lief wie betäubt eine Weile umher und hatte immer wieder diese letzte Zeile im Kopf. Und hatte ich sie dann endlich gelöscht, tauchte sie während des Tages häufig erneut auf, umschwirrte mich und ließ mich nicht mehr los.

(Wie die gregorianischen Choräle sind auch viele vor allem ältere Kirchenlieder reine Körpermusik: Der Körper wird stillgelegt und zum empfindlichen Hohlgefäß, in dem sich die Musik ausbreitet. Ohne Pauken und Trompeten. Ohne Schalmeien und andere Begleitinstrumente. Text und Ton setzen sich fest, sie durchziehen und durchströmen den Leib, sie berühren alle Organe und Sinne ...)

Gedicht aus der Kindheit

1963, im Februar
In der Kälte der Kirche
Werden die Choraltöne zu Kugeln aus Glas.
Aus den Mündern der Mönche
Steigt Atem und rieselt die Asche.
Herrgott!, singen sie, Herrgott!
So wärme uns doch endlich die gefrorenen Kutten!

Musik am Morgen 2

Wenn ich mit der Arbeit anfange, höre ich keine gregorianischen Choräle mehr (sie sind die Einstimmung und die Wegweisung). Was aber dann? Ich höre keine Orchestermusik, sondern ausschließlich Klaviermusik, oft aus den Zeiten vor 1750. 1750 ist der große Johann Sebastian Bach gestorben, nach seinem Tod verwandelt sich die europäische Musik unter dem Einfluss Haydns, Mozarts und (später) Beethovens in Welten der starken Melodien, Kontraste und Rhythmen. Bach hat noch aus der inneren Stille (eines tiefen Glaubens) heraus komponiert, seine Nachfolger blicken auf die Welt und verleihen ihr Schmuck, Glanz und ein Aussehen.

Während ich arbeite, mag (und darf) ich aber nicht hinhören oder irgendwo anders hinschauen, um mich von der Musik mitnehmen oder entführen zu lassen. Andererseits muss die Musik aber auch genug Tiefe und Festigkeit besitzen, um mehr zu sein als bloßer Hintergrund. Ein Ausweg sind die kurzen Sonaten von Domenico Scarlatti (1685–1757). Fünfhundertfünfundfünfzig von ihnen soll er komponiert haben, und viele gestandene Pianisten haben sie seit einiger Zeit für ihre Auftritte und Konzerte entdeckt. Sie hören sich an, als hätte ein völlig verspielter Mensch etwas leicht Durchgedrehtes erfunden, es aber nie gewagt, das Durchgedrehte auch öffentlich zu präsentieren. Daher klingen sie so, als würden sie hinter einem Vorhang gespielt oder in einem Versteck zelebriert. Sie haben etwas Heimliches, manchmal auch Verruchtes, man kann sich ihren Komponisten nicht anders als einen sehr originellen (und vielleicht auch kindlichen) Menschen vorstellen.

Sonaten Scarlattis neben der Arbeit am Schreibtisch zu hören ist, als begleitete einen immer dasselbe Stück in minimalen Variationen. Man wird eingelullt und erhält den Kopf die ganze Zeit über musikalisch shampooniert und massiert. Ein leich-

tes Kribbeln entwickelt sich dadurch auf der Kopf-
haut, sehr angenehm und mit der Illusion verbunden, es brächte das Gehirn zum Flackern oder
sogar zum Schäumen. Im Gehirn gärt es – und
plötzlich produziert es den ersten Satz, den zweiten, den dritten... – ganz leicht und so, als ent-
stammten all diese Sätze noch einer dahingleiten-
den Feder, die über das Papier zuckt.

Mein Leben mit Robert Schumann

Mit keinem anderen Komponisten ist mein bisheriges Leben derart eng verbunden wie mit Robert Schumann. All seine Klavierkompositionen habe ich früher einmal gespielt, und auch all seine anderen Kompositionen kenne ich gut. In den unterschiedlichsten Lebensaltern habe ich über ihn geschrieben, und einmal war darunter sogar ein Drehbuch für einen Schumann-Film. Es hätte nicht viel gefehlt, und ich hätte in diesem Film die Hauptrolle gespielt, zum Glück (sage ich heute) ist es dazu nicht gekommen.

Der dieses Buches über meine »Musikmomente« abschließende Text ist ein früher Versuch, meine Schumann-Besessenheit biografisch zu orten. Dieser Text ist nicht mehr als eine erste Skizze. Im Hinterkopf lebt jedoch seit Jahrzehnten ein viel größeres Projekt weiter, das ich mir noch für die Zukunft aufgehoben habe. Es ist das Projekt eines Schumann-

Buches, das den Tiefen meiner Schumann-Begeisterung auf den Grund gehen soll.

Manchmal habe ich das Gefühl, als liefe meine gesamte Musikfaszination auf genau dieses eine Buch zu und als könnte ich mit seiner Hilfe endlich deutlicher begreifen, woraus diese Faszination besteht. Noch liegt sie im Dunkeln, aber vielleicht ist gerade das der Grund, warum ich (auch außerhalb des Schumann-Themas) immer weiter mit Begeisterung über Musik schreibe.

Mein Leben mit Robert Schumann

1

Wer ist Herr Schumann? Das vierjährige Kind sitzt an einem Klavier der Marke *Sailer* und übt. Das Klavier kommt von weit her, es ist in Berlin gewesen und auch im Krieg, durch den Krieg hat man es geschoben, von Berlin hat es an den Rhein gefunden, das Klavier wurde gerettet und steht jeden Tag blank poliert da, dem Kind eine Sprache zu geben.

Das Kind spricht nur, ausschließlich, mit dem

Klavier, ansonsten stellt es sich stumm, reagiert nicht weiter auf Fragen und Anreden, wenn Fremde den Raum betreten, flieht es sofort unter den Tisch, zieht die Tischdecke herunter und stellt sich tot. Das Kind hatte vier Brüder, die nicht wie das Klavier heil aus dem Krieg gefunden haben, sondern durch ihn ums Leben kamen. Schlimmer noch als ihr Tod ist aber, dass sie noch weiter anwesend sind. Manchmal spricht das Kind im stillen mit ihnen, und dann antworten sie, das Kind kann sie anlocken, sich mit ihnen die Zeit vertreiben, ihnen zuhören, sie haben geduldige, ruhige Stimmen, das Kind versucht, sich ihre Freundschaft zu erhalten.

Wenn es aber am Klavier sitzt, schweigen die Stimmen, wie auch sonst alles schweigt, der Klavierraum ist der Raum der äußersten, empfindlichsten Stille, den das Kind schon aus Not immer dann betritt, wenn es sich vollkommen zurückziehen und sicher sein will.

Da das Kind wie übrigens auch seine Mutter schweigt und nicht zum Sprechen zu bewegen ist, hat man es an das Klavier der Marke *Sailer* gesetzt. Das Klavier soll die Verstörungen des Kindes heilen, und wahrhaftig zeigt sich das Kind am Klavier beinahe entspannt, die sonst hochgezogenen, abwehrenden, die Lebensangst speichernden Schultern lockern sich, wie auch das Gesicht seine Erstarrung verliert, manchmal sogar bis hin zum Lächeln.

Am Klavier der Marke *Sailer* macht das Kind Fortschritte, es übt jeden Vormittag mindestens ein bis zwei Stunden und nachmittags noch einmal so lange, das Klavierüben wird zur wichtigsten, den gesamten Lebensinhalt des Kindes ausmachenden Tätigkeit. Spielend lernt das Kind die großen Komponisten kennen, vor Beethoven hat es eine erhebliche Furcht, die es selbst später, als junger Mann, nicht mehr verlieren wird, mit Mozart ist es anders, Furcht gibt es nicht, aber irgendetwas ist ihm an Mozart nicht geheuer, jedenfalls findet es lange Zeit nicht hinein in seine Stücke, wie es überhaupt zum Schwierigsten gehört, in die Musik hineinzufinden und mit ihr, in ihr, zu verschwinden.

Dazu nämlich bedarf es eines großen Vertrauens, und das Kind hat große Mühe mit dem Vertrauen, denn es wittert beinahe überall Feindschaft, Bedrohung und Not, auch und gerade die Musik ist davon nicht frei, es gibt Stücke, die das Kind sich zu spielen weigert, weil sie dunkle oder tückische Stellen enthalten, später wird das Kind solche Stellen vor allem im Werk des Komponisten Chopin entdecken, und Chopins gepriesenes Klavierwerk wird einmal zum Unheimlichsten gehören, mit dem das Kind am Klavier zu tun bekommt, wodurch das Üben Chopins ein lebenslanger Kampf bleiben wird.

So reagiert das Kind instinktiv auf die Werke der großen Komponisten, jedes neu einstudierte Stück erlebt es auf seine Weise von innen, als eine geheimnisvolle, sich allen Worten entziehende Klanglandschaft, in deren fremden, labyrinthartigen Räumen man sich verlaufen kann. Spielend bewegt das Kind sich mit großer Vorsicht, nur einen einzigen Komponisten gibt es, mit dem es Kontakt aufnimmt, es spricht ihn an, weil seine Stücke zu ihm reden, anders als alle sonstigen Komponisten hat der Komponist Robert Schumann sprechende, redende Musik geschrieben, das Kind versteht jede Phrase, es ist, als spräche Schumann durch seine Musik auf eine vollkommen aus dem Herzen kommende Art mit dem Herzen des Kindes, denn im Werk Schumanns gibt es keinerlei Täuschung, nichts Virtuoses und keine blinden, ein Werk um seiner selbst willen fortführenden Stellen.

Wer ist also Herr Schumann? Für das Kind ist es der Komponist, der das Kind ernst nimmt, er ist der Komponist der »Kinderszenen« oder der »Papillons«, »Kinderszenen« und »Papillons« sind keine blassen Übungsstücke für Kinder, so wie das Kind viele von durchaus großen Komponisten kennt, die sich in solchen Stücken verstellen, es sind vielmehr Stücke aus kindlichem Geist, das Kind bewegt sich in ihnen wie in kleinen Zimmern und Häusern, jeder Raum hat eine andere, freundliche Farbe und eine andere Atmosphäre, und vorn an der Tür steht der Komponist Robert Schumann, reicht einem die Hand und bittet einen hinein. Vielen Stücken Schumanns hört das Kind dieses Hineinbitten an, eine freundliche Geste zu Beginn, ein »ich sag« oder »ich erzähl euch was«, und dann sieht das Kind wirklich die Hand und traut sich ein paar Schritte hinein, es braucht der Musik ja nur noch zu folgen und sich von ihr den Weg weisen zu lassen.

Herr Robert Schumann ist also ein Hausherr, ein Erzähler, zu dem die vielen Kinder in ihren freien Stunden drängen, um sich zu seinen Füßen, neben ihm, am Klavier, niederzulassen. Das Kind weiß, dass er seine Stücke selbst spielt, es weiß nichts von Schumanns Krankheiten und Schizophrenien, es hat einen ruhigen, großen Mann im Anzug vor Augen, der einen Arm aufs Klavier stützt, es ist ein altes, dunkles Klavier, vergleichbar dem Klavier der Marke *Sailer*, nur dass davor Schumanns Frau sitzt, das Kind kann sie nicht lange betrachten, nichts stört das Kind so sehr wie diese Frau neben Schumann, Herr Robert Schumann hat nämlich überhaupt keine Frau, er lebt allein, lebenslang, für die vielen Hundert fremden Kinder, die ihn täglich besuchen, um endlich Ruhe zu finden.

Wenn das Kind ihn anspricht, sagt es »Du« und auch Herr Schumann sagt »Du«, sie sprechen miteinander wie Freunde oder auch Brüder, manchmal verliert das Kind sich beim Anblick der alten Daguerreotypien auch so sehr in Schumanns Bild, dass es sich in seiner Physiognomie wiedererkennt, diese Verwechslung wird mit den Jahren sogar noch häufiger werden, Schumann ist der Komponist, der das Kind durch sein Bild an das Klavier zu fesseln versteht, es kommt ihm so vor, als wäre es, wie es selbst zu sich sagt, »mit Schumann im Bunde«, man könnte auch sagen, das Kind ist von Schumann besessen, am Klavier tut es alles, um ihm zu gefallen, und Herr Robert Schumann lobt das Kind unaufhörlich und feuert es an, so dass die Fortschritte, die es macht, alle erstaunen.

2

Jahre später ist das Kind, das wir jetzt einen »jungen Mann« nennen könnten, der aber bestimmte Eigenheiten des Kindes nie ablegen wird, zehn Jahre später ist das in einen »jungen Mann« verwandelte Kind Mitglied einer pianistischen Meisterklasse und auf dem besten Weg, ein Pianist zu werden. Mit unendlichen, hier nicht weiter zu beschreibenden Mühen hat es lesen und vor allem schreiben gelernt, durch Lesen und Schreiben hat es zu den Buchstaben und Lauten gefunden, und endlich, nach den vielen schweigsam verbrachten Jahren, auch zum Sprechen, das verwandelte Kind spricht, aber es hört in der Sprache vor allem den Klang, alle Sprache ist Klingen, die Vokale sind Farben und Schatten, ein zweisilbiges Wort gibt den Takt, jeder Satz ist ein Rhythmus, das verwandelte Kind hört Sprache rhythmisch, es ist wie ein Zwang, der keinen Weg in die Umgangssprachen erlaubt.

Inzwischen beherrscht das verwandelte Kind die großen Erzählzyklen des Herrn Robert Schumann, es spielt die »Papillons«, die »Davidsbündlertänze«, »Carnaval«, nur die große C-Dur-Fantasie op. 17 entzieht sich ihm noch, das Handgelenk rechts ist noch zu schwach für die Dauer des Stücks, auch die Rückenmuskulatur trägt das Stück nicht, das verwandelte Kind beginnt, Rücken und Arme zu trainieren, um sie zu stärken und Kraft für die große C-Dur-Fantasie zu sammeln, längst hat es sich auch in Schumanns Schriften vertieft, so dass es weiß, welche Anstalten Schumann selbst machte, bestimmte schwächere Finger der rechten Hand durch ein Kunsttraining zu stärken.

Das verwandelte Kind übt jetzt vier bis fünf Stunden täglich, und mehr noch als früher ist der Klavierraum der Raum des absoluten Verschwindens und der Auslöschung des Körpers zugunsten eines einigen, Herr Robert Schumann sagt »innigen«, Austauschs mit dem Klavier, wenn die Finger die Tasten berühren, geht ein weites Tor auf, und das verwandelte Kind geht hindurch, in der Schule lässt man das Kind gewähren, es kommt leidlich mit, letztlich aber ist sein ganzes Leben für das Klavierspiel unter der Anleitung von Herrn

Robert Schumann bestimmt, das verwandelte Kind stützt den Kopf jetzt so in die rechte, angewinkelte Hand, wie es Robert Schumann auf einer Abbildung tut, und es kultiviert einsame Stunden, indem es sich zurückzieht, in ein dunkles Eck, an einen Tisch, in die verborgenen Ecken der Zimmer, um nichts anderes zu tun, als aus dem Dunkel ins Dunkel zu schauen oder so zu lesen, wie Schumann las, gierig, das Gelesene mit einigen fahrig hingeworfenen Sätzen fixierend.

Seltsamerweise spürt das verwandelte Kind nie den Druck einer Konkurrenz, die meist älteren anderen Mitglieder der pianistischen Meisterklasse üben schließlich nicht unter dem besonderen Schutz Robert Schumanns, keiner von ihnen versteht Schumanns Werk, die wenigsten spielen es, stattdessen geht es darum, mit den haltlosen, infantilen Etüden Chopins zu glänzen oder sich am Werk Franz Schuberts zu versuchen, das niemals, nie, ein Klavierwerk war, sondern immer eines für Streicher und Sänger, das verwandelte Kind versteht nicht, wie es einem in den Sinn kommen kann, das Klavierwerk Franz Schuberts für ein Klavierwerk zu halten.

Keine Konkurrenz, auch keine Angst, kein Lampenfieber – das verwandelte Kind hat mit alldem niemals zu kämpfen, auch und gerade bei öffentlichen Auftritten schließt sich der Raum sofort bei der Berührung der Tasten, und das verwandelte Kind ist auf der Bühne allein mit dem Instrument, das sich seinem Körper dann anschmiegt, die Rückenmuskulatur ist jetzt durch ein Schwimmtraining gekräftigt und verspannt nicht mehr bei den Fortissimo-Schlägen des Anfangs der Großen C-Dur-Fantasie opus 17, »Durchaus phantastisch und leidenschaftlich vorzutragen«, flüstert Herr Robert Schumann, und das verwandelte Kind versteht jedes Wort.

Als die Schule geschafft ist, setzt das verwandelte Kind alles auf eine Karte und spielt die Große C-Dur-Fantasie vor einer Prüfungskommission einer Musikhochschule, nach sechs Minuten Spiel wird es unterbrochen und für »aufgenommen« erklärt. Als es aus dem dritten Stock des Gebäudes mit klopfendem, nein, rasendem Herzen die breite Treppe nach unten läuft, bedankt es sich bei Herrn Robert Schumann und verspricht ihm, unverzüglich mit dem Einüben des Klavierkonzerts in a-Moll opus 54 zu beginnen, niemand, weiß das verwandelte Kind, niemand, außer höchstens in bestimmten Momenten Frau Martha Argerich, wird das Klavierkonzert in a-Moll so spielen wie das verwandelte Kind, niemand, außer höchstens in Momenten Frau Martha Argerich, hat verstanden, dass der dritte Satz ein Walzer ist, tanzen muss man ihn, singend muss man ihn tanzen, der dritte Satz des Klavierkonzerts in a-Moll ist die Fortführung des »Carnaval«, wie der »Carnaval« mit seiner nächtlichen Pantomimik die Fortführung der »Papillons« ist, in denen am Ende ein Glöckchen schlägt und den nächtlichen Spuk in die Stille entlässt.

3

Wir beobachten den jungen Mann jetzt als Meisterschüler, der nicht mehr wie noch als Gymnasiast unreifes Halb-Mitglied einer pianistischen Meisterklasse ist, sondern wirkliches, also gereiftes und anerkanntes Mitglied, manchmal begibt sich der junge Mann auch in den Schülertross eines der großen Pianisten der Welt und begleitet ihn als Teil dieses Trosses auf einer Tournee, der große Pianist ist dabei, ihm eine vollständig neue Technik anzuerziehen, der junge Mann soll sein ganzes Spiel von den Fingern und Händen in die Arme verlagern, aus dem Arm soll er spielen, mit Einsatz des ganzen Armes, mit dem Arm die Fingerbewegungen vorwegnehmend und sie dadurch erleichternd.

Die Umstellung auf diese Technik fällt dem jungen Mann schwer, zuvor hat er alles mit seinen großen Händen und den relativ stark entwickelten Fingern gemeistert, jetzt verlagert sein Spiel sich in die Arm- und die schutzlose Rückenmuskulatur, der junge Mann begreift, dass er ohne diese Verlagerungen die Klavierkonzerte des Komponisten Brahms niemals wird spielen können, ganz zu schweigen von den Klavierkonzerten Rachmaninoffs, Brahms und Rachmaninoff führen das Klavierkonzert Robert Schumanns weiter, Herr Frédéric Chopin dagegen hat zwei Klavierkonzerte geschrieben, die zum Trübsten und Verräterischsten zählen, was die Gattung hervorgebracht hat.

Die Glücksstunde des jungen Mannes schlägt nach zweieinhalb Jahren Unterricht als anerkanntes Mitglied der Meisterklasse, sie schlägt, als der große Pianist, der Schumanns Klavierkonzert in a-Moll in Frankfurt am Main vortragen soll, plötzlich erkrankt und er, der junge Mann, gebeten wird, den großen Pianisten zu vertreten, das

Radio-Sinfonie-Orchester Frankfurt spielt unter Eliahu Inbal, bei den Proben hat der junge Mann Mühe, Herrn Inbal vom Tempo des dritten Satzes zu überzeugen, zum Glück geht das Klavier zu Beginn des dritten Satzes dem Orchester voraus, der junge Mann schert sich nicht um die Tempo-Auffassung, die Eliahu Inbal vertritt, er zieht an, das Stück springt ins helle A-Dur, und der junge Mann lässt sich von Herrn Eliahu Inbal kein Tempo und Glück mehr verbieten, sondern schreit es heraus.

Unten, im Konzertsaal, sitzt am Abend des Konzerts ein ehemaliger Mitschüler und Freund des jungen Mannes in Reihe 6, er hält einen Philips-Kassetten-Recorder auf dem Schoß und streckt ein winziges Mikrophon in den Saal, die in den Ohren des jungen Mannes einzigartige Wiedergabe wird so aufgezeichnet, es ist die Aufzeichnung eines Lebens und einer Legende, der junge Mann wird sie immer wieder hören und ablauschen, bis in die letzte, feinste Nuance.

4

Das Schumannsche Klavierkonzert in a-Moll opus 54 wird zu einem großen Erfolg. Der junge

Mann, der sich jetzt als Pianist betrachtet, wird es von nun an immer wieder spielen, er geht mit dem Stück auf Tournee, es ist, als öffnete ihm dieses Stück nun die Welt. Oft ist der Beifall so groß und so ausdauernd, dass er sich zu einer Zugabe gedrängt sieht, für den jungen Pianisten steht genau fest, welches Schumannsche Stück nach dem Klavierkonzert in a-Moll überhaupt noch gespielt werden kann, Herr Robert Schumann hat längst sein Einverständnis erklärt, es ist das technisch schwierigste Stück Robert Schumanns, die teuflische Toccata opus 7, der junge Pianist beherrscht sie seit langem, aber es reizt ihn auch hier, sich selbst zu übertrumpfen, von Mal zu Mal zieht er das Tempo ein wenig an, er schaut sich zu, wie er den Höllentanz glanzvoll absolviert und besteht.

Mit dem Konzert und der Toccata auf Reisen fühlt der junge Pianist sich unverwundbar. Er spielt wie im Rausch, er ist der Sohn Robert Schumanns, sein einziger Zögling, der seine Stücke versteht wie kein anderer. Der große Auftritt, das große Spiel, das Herrn Schumann verwehrt blieb – sie werden dem jungen Pianisten so lange gegönnt, bis sich die ersten Schmerzen einstellen, die ersten Schmerzen stellen sich bei einer Wiedergabe der Toccata opus

7 im Konzertsaal ein, der junge Pianist spürt zunächst nur eine Art Schwächung oder Lähmung des rechten Unterarms, er bringt das Stück noch zu Ende, macht allerdings einige gravierende Fehler, zum ersten Mal spürt er eine leichte Unruhe im Saal, zum ersten Mal bemerkt er überhaupt sehr bewusst, dass sich Zuhörer und Zuschauer im Saal befinden, wie kleine Vernichter und Zerstörer drängen sich die Zuhörer und Zuschauer in sein Spiel und tanzen über die Tasten, der junge Pianist glaubt plötzlich nicht mehr, allein am Flügel zu sitzen, die Blicke und Zumutungen der Zuhörer und Zuschauer besetzen sein Spiel, das jetzt nicht mehr schmerzfrei verläuft, sondern überhaupt nur noch gegen den Schmerz durchzuhalten ist.

Schließlich ist die Konsultation eines Arztes nicht zu vermeiden, der Arzt diagnostiziert einen Anriss der Sehne, eine Gefahr besteht angeblich darin, dass Sehne und Sehnenscheide verkleben und eine völlige Bewegungsunfähigkeit eintritt, auch könnten sich die Sehnen im schlimmsten Falle verkürzen, der Arm wird mit einem Verband ruhiggestellt und das weitere Üben für die nächsten Monate untersagt.

Der junge Pianist ahnt sofort das Ende, dies ist

das Ende, denkt er bei sich und beginnt, zum ersten Mal in seinem Leben mit Robert Schumann zu hadern, Schumanns Schicksal hat ihn eingeholt, der Meister hat seinem Schüler nicht das Glück der Virtuosen-Laufbahn gegönnt, so sieht sich der junge Pianist jetzt als lächerliche Schumann-Gestalt, als seine Kopie, als müder Schattenabzug, der sich ganz in die berüchtigten Dunkelecken vergräbt, um seinem Überdruss und seiner Melancholie stundenlang freien Lauf zu lassen.

Vor seinem inneren Auge aber ersteht immer wieder dieselbe Szene, es ist die Szene des dunklen Raums, in dem der wartende Flügel sich öffnet, es ist das Glück der Überwältigung, das langsam übergeht in den Schmerz, es ist eine Szene von den bekannten Doppel-Charakteren Schumanns gespielt und inszeniert, Florestan und Eusebius erscheinen dem jungen Pianisten jetzt wie höhnische, fratzenhafte Figuren, längst bietet sein Körper keine Kraft mehr auf, beide miteinander ins Gespräch zu bringen, so dass sie nacheinander erscheinen, als Ausdruck des Endes und des Verfalls, den keine Schumannschen Kunstgriffe oder Apparaturen mehr aufhalten können.

5

Der junge Pianist, der von heute auf morgen wieder zurückverwandelt wurde in einen jungen Mann, beginnt nun mit Robert Schumann zu hadern, am liebsten zitiert er gegen ihn die harten Sätze Nietzsches aus *Jenseits von Gut und Böse*, es sind die bösesten, die je einer gegen Schumann gesagt: »Gilt es heute unter uns nicht als ein Glück, als ein Aufatmen, als eine Befreiung, dass gerade diese Schumannsche Romantik überwunden ist? Schumann, in die »sächsische Schweiz« seiner Seele flüchtend, halb Wertherisch, halb Jean-Paulisch geartet, gewiss nicht Beethovenisch! gewiss nicht Byronisch!… Schumann mit seinem Geschmack, der im Grunde ein kleiner Geschmack war (nämlich ein gefährlicher, unter Deutschen doppelt gefährlicher Hang zur stillen Lyrik und Trunkenboldigkeit des Gefühls), beständig beiseite gehend, sich scheu verziehend und zurückziehend, ein edler Zärtling, der in lauter anonymem Glück und Weh schwelgte, eine Art Mädchen und noli me tangere von Anbeginn…«

Nietzsches Bösartigkeiten aufgreifend, »ein Glück, ein Aufatmen, eine Befreiung«, beginnt der junge Mann, der kein Pianist mehr sein kann, seine Abrechnung mit Schumann schriftlich zu fixieren, diese Aussprache muss heraus auf das Papier, und sie beginnt: »Der folgende Text ist vorläufig, er ist ein Versuch, den Komponisten Robert Schumann in ein Gespräch zu verwickeln, in dessen Verlauf der zyklische Bau seiner musikalischen Gedanken fragend und sprechend so erwidert werden soll, dass aus diesem Bau die Gestalten des Fragenden und des Befragten hervor kriechen, die sich in ihm verrätselt haben ...«*

In den Notaten, die darauf folgen, buhlt der junge Mann um Schumanns Aufmerksamkeit, er behält das »Du« bei, und spricht gleich zu Beginn von einem Versuch, »mir vor Dir Gehör zu verschaffen«, die empfundenen verteufelten Ähnlichkeiten des Empfindens und Wahrnehmens sollen benannt und überwunden werden, Schumann soll zurückbleiben auf der Strecke, der junge Mann will sich von Schumann wie von seinem Klavierspiel befreien, all diese Anhänglichkeiten sollen sich lösen, denn der junge Mann kann nur überleben, wenn er die Musik jetzt hinter sich lässt oder sie hinüberrettet in ein anderes Medium: die Sprache.

Die Sprache ist das Medium, in dem sich Robert Schumann vergeblich versuchte, viele seiner Anstrengungen galten der Sprache, dem »Poetischen«, wie er es nannte, führten aber nicht weiter, blass die Notizen und Aufsätze, erst im musikalischen Ausdruck ging der poetische Gestus auf und wurde freies Phantasieren, Improvisieren, Horchen, Reflexion, Schumanns Musik hat das poetische Staunen in kleinen Szenerien eingefangen, sobald er aber versuchte, es in Worte zu fassen, versagte die Sprache und wurde tonlos.

Der junge Mann aber denkt: Wäre es möglich, solche Szenerien zur Sprache zu bringen, könnte es so etwas geben wie Wortmusik, ließe sich Robert Schumanns Fantasie in C-Dur in einen Text überführen?

Noch hat der junge Mann keine Vorstellung von dieser Metamorphose, er beginnt, Literatur und Philosophie zu studieren und verordnet sich die theoretischen Elementarlehren der Musikwissenschaft, Harmonielehre, Kontrapunkt, er möchte jetzt vor allem über Musik philosophieren, daneben aber schreibt er weiter an seiner Abrechnung mit Herrn Robert Schumann, er will Schumanns Charakter entblößen, er glaubt, jetzt auch hier etwas Falsches und Verstocktes zu sehen, daher wirft er sich auf jeden Tadel von Schumanns Freunden und hält Schumann seine Spleens und Seltsamkeiten vor, scharf soll die Abrechnung werden, eine Trennung für immer: »Dein Vater war, wie Dein Taufzeugnis bescheinigt, ein vornehmer Bürger und Buchhändler der Stadt Zwickau, am 8. Juni 1810 kamst Du dort zur Welt, das letzte von fünf Kindern der Familie, bald schon der vom Vater zu besonderen Leistungen Erwählte, der ›Goldjunge‹ der Mutter. Der Ehrgeiz der Eltern übertrug sich ganz auf Dich, Deine Schulfreunde berichten davon. Unachtsam und träumerisch seist Du gewesen, aber, wie der Nachbarssohn Flechsig aus der Burggasse erzählt, von der Gewissheit beherrscht, ein berühmter Mann zu werden, der ehrgeizigste Mensch, den er je gekannt...«

»Goldjunge«, »Träumer«, von Ehrgeiz geprägt – so beginnt die Anklage, die Schumann dessen Einsiedelei vorhält und dann versucht, ihn zu treffen, wo er am verwundbarsten ist, in seiner Unfähigkeit, zur Literatur und zur Sprache zu finden: Einsamer!, Sprachloser!... ergeht sich die Anklage weiter, Du hast Dich in Dir verschlossen und in Zitaten gelebt...: »Gefühle und Empfindungen kamen nicht zur Durchsichtigkeit, sie stauten sich in Dir, Du hieltst sie unter Verschluss und gabst Dir den Ausdruck des Träumers, des Abwesenden, der für sich behält, was er nicht zu sagen wagt … Zur Dichtung gedrängt, konntest Du doch von ihr keine Heilung erwarten, denn Du durftest, ja Du konntest nicht sprechen, jedenfalls nicht von Dir, alle Rede blieb Echo, Zitat aus rascher Lektüre, aus den Schriften Jean Pauls vor allem, deren Sprachgewalt Dir die letzten Möglichkeiten des eigenen Ausdrucks raubten. Aus den Briefen an Deine Jugendfreunde ist diese Sprache bekannt – ein hilfloses, zitierendes Stammeln, Mondsucht und Naturtrunkenheit, ›in Kürze mehr …‹; Du konntest – ich wiederhole es, so hart es Dir auch ankommt – nicht sprechen, nicht zu den Eltern, nicht zu den Freunden, schließlich nicht zu Dir selbst, ein sprachlos Fühlender und durch Lektüre Überreizter, endlich ganz ein Schweigsamer, von dem der Freund berichtet, dass er einen Nachmittag mit ihm spazieren gegangen sei, ohne dass mehr als nur einige Worte gefallen seien, und über den Richard Wagner, sich an ein Zusammentreffen erinnernd, ausrief: ›Ja, man kann doch nicht immer allein reden. Ein unmöglicher Mensch!‹

So führt der junge Mann Schumann vor, um sich selbst damit zu strafen, seine eigene Sprachlosigkeit, sein Träumen, seine Versunkenheit in Musik und ihr nächtliches Horchen; indem er den Komponisten Robert Schumann zur Rede stellt, appelliert er an sich selbst, die Eigenheiten des stummen und schweigsamen Kindes seiner ersten Jahre endlich abzulegen, hinauszutreten aus dem Kokon der Musik, sie zu überführen in das offene Medium der Sprache, angesichts dessen es für ihn kein Verschwinden und keine Abwesenheit gibt.

6

Einige Jahre später beendet der junge Mann das Studium der Wissenschaften, die er sich verordnet hat, Philosophie, Musik- und Literaturwissenschaft, er beendet es mit einer Arbeit zur Theorie des Romans, der Roman ist die Gattung der Reise, der Wanderschaft und der enzyklopädischen Welt, er ist das offene Sprechen schlechthin, mit einer Tendenz hin zum Unendlichen, der junge Mann nennt das Unendliche »Totalität«, die »Totalität« ist das Gegenstück zu den kleinen, fragmentarischen Welten, sie ist das große Weltgespräch, das

Gespräch vieler Figuren an vielen Orten zu den verschiedensten Gelegenheiten.

In letzter Zeit hat sich der junge Mann nach Jahren der Abstinenz auch wieder in einen Konzertsaal getraut, nicht als Spieler, sondern als Zuhörer nimmt er jetzt Platz, er studiert Pianisten, nichts anderes, Orchesterkonzerte erträgt er nur schwer, eine abendfüllende Oper überhaupt nicht, er sucht den Anschluss an das pianistische Spiel, jede Phrase ist ihm bis in die Bewegung der Arme und Finger vertraut, in der Beobachtung von Pianisten und ihren Auftritten ist er Experte, er könnte eine Art Psychologie jedes Auftritts entwerfen, indem er den Gang zum Flügel beschreibt, die nervösen Drehbewegungen am Klavierhocker, den Moment der Verinnerlichung und der Konzentration, der nicht zu lang, aber auch nicht zu kurz sein darf, den Einsatz und die Beherrschung, die man sofort gewinnen muss, schwächere Pianisten lassen sich vom ersten Einsatz fortziehen und geraten unweigerlich in einen inneren Wettlauf mit der Musik, man muss aber immer das Gefühl haben, sie zu beherrschen, denn es handelt sich um ein Kräftespiel, um ein genaues Austarieren von Einsatz und Wirkung.

An einem solchen Konzertabend gerät der junge Mann, ohne es zu ahnen, an einen Pianisten, den er vom ersten Moment seines Auftritts auf dem Podium als den neuen Statthalter des Komponisten Robert Schumann erkennt. Bruno Leonardo Gelber spielt Robert Schumann, »Carnaval« und die große C-Dur-Fantasie, es ist ein Abend, der den jungen Mann so begeistert, dass er sich nach dem Konzert von seinen anwesenden Freunden zurückzieht, stundenlang kreist er allein durch die nächtliche Stadt, und es setzt wieder ein, das Schumann-Fieber, das er jetzt am liebsten zur Sprache bringen würde, in einem Roman, in der Form der »Totalität«, so und nur so wäre es möglich, bei Schumann zu bleiben und ihm doch zu entkommen.

Was der junge Mann an dem Pianisten Bruno Leonardo Gelber erkennt, ist die Figur des »Jünglings«, das enthusiastische Noli me tangere, das sich immer wieder auf sich zurückzieht, so wie ihn Nietzsche im Blick auf Robert Schumann in ›Menschliches, Allzumenschliches‹ beschrieb: »Der »Jüngling«, wie ihn die romantischen Liederdichter Deutschlands und Frankreichs um das erste Drittel dieses Jahrhunderts träumten, – dieser Jüngling ist vollständig in Sang und Ton übersetzt worden – durch Robert Schumann, den ewigen Jüngling, solange er sich in voller eigner Kraft fühlte ...«

Der Romanplan, den der junge Mann kurz nach Besuch des Klavierabends des Pianisten Bruno Leonardo Gelber entwickelt, ist der Plan einer Schumann-Beschwörung und Schumann-Austreibung. In seinem Mittelpunkt steht eine träumerische, Deutschland durchreisende Jünglings-Gestalt, dessen Namen dem Namen-Reservoir der romantischen Dichter entnommen ist. »Fermer, der Geniale« heißt eine Erzählung Ludwig Tiecks, Fermer heißt auch die Hauptfigur im nun entstehenden Roman des jungen Mannes, der junge Mann erkennt sich selbst in dieser schweigsamen, stillen und wie Nietzsche gesagt hätte, beiseite, zur Seite tretenden Gestalt, mit ihr beschwört er den Schumannschen Raum, den Raum der Nacht und der ziehenden Wolken, den Raum der Flüsse und des unbedingten, enthusiastischen Aufbruchs: »An einem Vorfrühlingsabend kehrte der junge Fermer nicht mehr in die Kaserne zurück. Es war noch recht kühl, doch waren die ersten Anzeichen des nahenden Frühlings zu bemerken. ›Es tut sich etwas‹, dachte Fermer, ›scheint nicht alles aufspringen zu wollen?‹ Um den Vollmond flogen eilend Wolkenfetzen, die sich sofort wieder zerstreuten; die sonst fahle Himmelsdecke war an einigen Stellen weit aufgerissen, und Fermer konnte die leuchtenden Sterne erkennen. Auch die Lastschiffe, die den Fluss hinauffuhren, schienen schneller zu fahren. Auf einem Schiff flatterten Wäschestücke an einer Leine, und eine Tür war so weit geöffnet, dass der Lichtschein auf ein neben der Wäsche stehendes Fahrrad fiel. ›Warum nicht sofort aufbrechen?‹ dachte Fermer und ging schneller voran. Das Neonlicht zwischen den Platanen am Ufer schien so hell auf die Knospen der Sträucher, dass sie künstlich zu sein schienen. Doch als Fermer plötzlich den noch schwachen Gesang eines Vogels hörte, war auch diese Künstlichkeit so unwichtig geworden wie die anderen verstummten Geräusche. Er wechselte singend den Schritt, begann zu laufen und hielt eine Zeitlang das Tempo eines Schiffes mit. Schließlich erreichte er die Brücke, die aus der Stadt zu den Vororten führte, und als er sich auf ihrer Mitte umdrehte, sah er die Silhouette der Stadt wie ein eben fertig gewordenes Bild vor sich liegen ...«

7

Mit dem Roman ›Fermer‹ übersetzt der noch immer junge Mann Schumanns C-Dur-Fantasie in ein spätromantisches Sprechen, das Schumanns abgerissenen, unbeholfenen Notaten voraus sein soll. Die Figuren des Romans aber sind Schumann-Figuren, liebende, in sich gekehrte, innerlich überbeanspruchte »Jünglinge« in Nietzscheschem Sinn. Einer von ihnen heißt nicht Robert, aber Roland, es ist der Pianist der Jünglingsschar, der am Ende des Romans die gesamte Gesellschaft um sich versammelt. Roland spielt Schumanns Klavierkonzert in a-Moll opus 54, und nach dem Konzert kann er darüber sprechen: »Schumanns Konzert ist wie eine Erzählung. Er hat sich die Melodien vorgestellt wie Gestalten und ihnen manchmal sogar Namen gegeben und sie zu den Noten geschrieben. Ich glaube, er hatte während des Komponierens Ereignisse im Kopf oder Stimmungen, und immer achtete er darauf, dass die Musik den Fluss des Erzählens und Sprechens behielt.

Dann hat sich dein Schumann, fragte Lotta, Menschen und Szenen vorgestellt und dazu die Musik erfunden?

Umgekehrt, sagte Roland, gerade umgekehrt; er hat nach musikalischen Einfällen gesucht, aber diese Melodien erschienen ihm dann wie eine Sprache, eine andere als die mit den Worten, eine viel dringlichere. Die Melodien waren plötzlich ›Geschichten‹, ›kuriose‹ oder solche ›von fremden Ländern und Menschen‹, auch Bilder wie der »Ritter vom Steckenpferd«, das ›bittende Kind‹ oder der ›Hasche-Mann‹. Aber diese Titel darfst du nicht kennen, er hat sie selbst erst über die Stücke geschrieben, nachdem er sie komponiert hatte. Du musst nur in sie hineinhorchen und sie in deine Geschichten übersetzen.«

In genau diesem Sinn ist der Roman ›Fermer‹ für den jungen Mann eine Übersetzungsarbeit, die letzte und endgültige, die er am Werk Robert Schumanns vornimmt. Er übersetzt es in Romansprache, er bringt es sprachlich zum Klingen, aus Schumanns Musik soll literarisches Sprechen werden, das am Ende auf paradoxe Weise Schumanns Musik da beschreibt, wo sie als »Der Dichter spricht«.

»Der Dichter spricht« ist die letzte der Schumannschen »Kinderszenen« überschrieben, der junge Mann lässt sie seine Romanfigur Roland als Zugabe nach dem Klavierkonzert in a-Moll opus 54 spielen.

»Der Dichter spricht« ist etwas gänzlich anderes als die Toccata opus 7, das Teufelsstück, das der junge Mann früher, in der Zeit, als er noch ein junger Pianist war, als Zugabe spielte. »Der Dichter spricht« ist der Schlussmonolog eines Träumers, der zu Kindern redet, es ist der Monolog des Mannes im dunklen Anzug, der seinen Arm auf das Klavier Marke »Sailer« stützt und dem Kind die Sehnsucht einimpft, ihm, dem geheimen Hypnotiseur, für immer zu folgen: »Ja«, sagt der Pianist Roland im Roman ›Fermer‹ des jungen Mannes, »es sind nur drei Töne, oder besser drei Klänge, mit denen der ›Dichter‹ da ›spricht‹. Aber glaubt man nicht, dass da einer nach durchtanzter Nacht redet, beinahe schon früh am Morgen? Dass er immer langsamer wird und leiser und sich schon seltsam vorkommt? Er spricht wie zu Ermüdeten, und er selbst hat wohl auch etwas von dieser Müdigkeit, und da ist es schön, wie er nach dem Anfang sich in dieses Rezitativ verliert, wisst ihr noch, wie er beinahe nicht mehr weiter weiß und stockt, wie er aber doch wieder ansetzt und plötzlich doch zurückfindet und begütigend redet bis zum Schluss.«

Quellenverzeichnis

Die Sekunde, die über mein Leben entschied, aus: *Die Erfindung des Lebens. Roman.* München 2009, S. 66–76

Frühes Klavierüben, aus: *Die Erfindung des Lebens. Roman.* München 2009, S. 78–81

Klavier üben und schreiben, aus: *Der Stift und das Papier. Roman einer Passion.* München 2015, S. 127–138

Musik hören 1, aus: *Das Glück der Musik. Vom Vergnügen, Mozart zu hören.* München 2006, S. 27–32

Die russische Klavierlehrerin, aus: *Das Glück der Musik. Vom Vergnügen, Mozart zu hören.* München 2006, S. 68–71

Mozart spielen, aus: *Das Glück der Musik. Vom Vergnügen, Mozart zu hören.* München 2006, S. 73–76

Der Meister und sein Schüler, aus: *Die Erfindung des Lebens. Roman.* München 2009, S. 311–320

Musik hören 2, aus: *Das Glück der Musik. Vom Vergnügen, Mozart zu hören.* München 2006, S. 125–129

Unterwegs Musik hören, aus: *Das Glück der Musik. Vom Vergnügen, Mozart zu hören.* München 2006, S. 86–88, S. 112–116, S. 120–124

Das große Vorspielen, aus: Die Erfindung des Lebens.
Roman. München 2009, S. 325–334

Konzertieren, aus: Was ich liebe - und was nicht. München
2016, S. 154–156

Kleines Vorspiel 1, aus: Die Moselreise. Roman eines Kindes.
München 2010, S. 101–106

Kleines Vorspiel 2, aus: Die Berlinreise. Roman eines Nach-
geborenen. München 2014, S. 233–243

Kleines Vorspiel 3, aus: Die Berlinreise. Roman eines Nach-
geborenen. München 2014, S. 100–107

Kleines Vorspiel 4, aus: Das Verlangen nach Liebe. Roman.
München 2007, S. 214–219

Die Stunden vor einem Konzert, aus: Das Verlangen nach
Liebe. Roman. München 2007, S. 261–263

In Konzerte gehen 1, aus: Was ich liebe – und was nicht.
München 2016, S. 164–166

In Konzerte gehen 2, aus: Was ich liebe – und was nicht.
München 2016, S. 166–168

In Konzerte gehen 3, aus: Die Berlinreise. Roman eines
Nachgeborenen. München 2014, S. 216–224

Unerwartet Musik hören, aus: Die Insel der Dolci. In den
süßen Paradiesen Siziliens. München 2013, S. 64–70

Das Ende eines großen Traums, aus: Die Erfindung des
Lebens. Roman. München 2009, S. 535–540

Der Musikschriftsteller 1, aus: Mozart – im Innern seiner
Sprachen. Frankfurt/Main 1982, S. 7

Der Musikschriftsteller 2, aus: Die Nacht des Don Juan.
Roman. München 2000, S. 66–71

Musik beim Schreiben, aus: Was ich liebe – und was nicht.
München 2016, S. 148–153

Mein Leben mit Robert Schumann, aus: Die weißen Inseln
der Zeit. Orte. Bilder. Lektüren. München 2004, S. 157–174

Inhaltsverzeichnis

Verlagsgruppe Random House FSC® N001967

2. Auflage
Originalausgabe Januar 2018
Copyright © 2018 by btb Verlag
in der Verlagsgruppe Random House GmbH,
Neumarkter Str. 28, 81673 München
Umschlaggestaltung: semper smile, München
Umschlagmotiv: © Shutterstock/angelinast; Paladin12
Satz: Uhl + Massopust, Aalen
Druck und Einband: Kösel, Krugzell
cb · Herstellung: BB
Printed in Germany
ISBN 978-3-442-71586-2

www.btb-verlag.de
www.facebook.com/btbverlag

Hanns-Josef Ortheil

Glücksmomente

Geschenkformat, 224 Seiten
btb 74965

»Glücksmomente sind Augenblicke einer
besonders intensiven Gegenwart«, in denen
jemand plötzlich weiß, wie er »sein will«,
so Hanns-Josef Ortheil. Genau solche
Glücksmomente aus seinen Romanen und
Erzählungen hat er für diese Anthologie
ausgewählt und kommentiert.
Was Glück ausmacht – hier wird es auf
faszinierend einleuchtende Weise erleb- und
erfahrbar.

btb

Hanns-Josef Ortheil

Glaubensmomente

Geschenkformat, 288 Seiten
btb 71412

Hanns-Josef Ortheil hat in seinen Romanen
immer wieder Glaubensmomente dargestellt,
in denen die Akteure sich mit Bruchstücken
der christlichen Überlieferung beschäftigen.
Mal handelt es sich um Hörerlebnisse in
Gottesdiensten, mal um Lektüren biblischer
Passagen, aber auch um die tieferen Fragen
danach, worin der Glaube eigentlich besteht
und wie er im alltäglichen Leben erscheint.
In dieser Anthologie stellt er einige solcher
intensiven Momente vor, erläutert
ihre kulturellen Hintergründe und erzählt,
wie sie entstanden sind.

btb